U0135140

《經濟學人》教你看懂市場運作
掌握世界經濟脈動、學會高報酬投資必備的一本書

一口氣搞懂
原物料商品

Guide to Commodities
Producers, players and prices; markets, consumers and trends

卡洛琳・拜恩（Caroline Bain）——著　　陳儀——譯

企畫叢書 FP2257

一口氣搞懂原物料商品

Guide to Commodities: Producers, players and prices; markets, consumers and trends

作　　　者	卡洛琳‧拜恩（Caroline Bain）
譯　　　者	陳　儀
編 輯 總 監	劉麗真
主　　編	陳逸瑛
編　　輯	賴昱廷

發 行 人　涂玉雲
出　　版　臉譜出版
　　　　　城邦文化事業股份有限公司
　　　　　台北市中山區民生東路二段141號5樓
　　　　　電話：886-2-25007696　傳真：886-2-25001952
發　　行　英屬蓋曼群島商家庭傳媒股份有限公司城邦分公司
　　　　　台北市中山區民生東路二段141號11樓
　　　　　客服服務專線：886-2-25007718；25007719
　　　　　24小時傳真專線：886-2-25001990；25001991
　　　　　服務時間：周一至周五上午09:30-12:00；下午13:30-17:00
　　　　　畫撥帳號：19863813　戶名：書虫股份有限公司
　　　　　讀者服務信箱：service@readingclub.com.tw
香港發行所　城邦（香港）出版集團有限公司
　　　　　香港灣仔駱克道193號東超商業中心1樓
　　　　　電話：852-25086231或25086217　傳真：852-25789337
　　　　　E-mail：citehk@hknet.com
馬新發行所　城邦（馬新）出版集團【Cite (M) Sdn. Bhd. (458372U)】
　　　　　11, Jalan 30D/146, Desa Tasik, Sungai Besi,
　　　　　57000 Kuala Lumpur, Malaysia
　　　　　電話：603-90563833　傳真：603-90562833
一 版 一 刷　2013年12月

城邦讀書花園
www.cite.com.tw

ISBN 978-986-235-296-0
翻印必究（Printed in Taiwan）

售價：360元
（本書如有缺頁、破損、倒裝，請寄回更換）

目次

簡介

　　人類日常生活中充斥著各式各樣至少局部以天然資源製成的產品，包括我們身上穿的衣服、桌上吃的食物、每天開的愛車、居住的房子和隨時隨地不離手的電子裝置等。人類終其一生都極端依賴原物料商品過活，而且，隨著國家經濟漸漸發展，人均所得愈高，原物料商品的消費量也會增加。

　　過去十年間，雖然原物料商品價格激烈波動，但大致上呈現穩定上升走勢，這個趨勢更加凸顯出原物料商品的經濟重要性及人類對它們的高度依賴。由於這段時間各國貨幣遭遇信心危機的挑戰，促使黃金價格屢創新高，而各種金屬的價格也在中國需求的推升下大漲；另一方面，中東及北非局勢的動盪，則對石油價格產生顯著影響，此外，由於一般人擔心世界糧食不夠讓持續增加的人口填飽肚子，食物價格也同步上揚。

　　天然資源的探勘及提煉活動，是人類及經濟發展歷史上不可或缺的一環。各種金屬的發現及後續決定每種金屬潛在用途的諸多實驗，向來是促進經濟持續發展及生產力躍進的催化劑。早在四千年前，人類就已懂得交換與交易天然資源，尤其是農產品，這些交易活動大半是在世界各地的市集進行。交易者經常會不遠千里地帶回本地沒有生產的商品，並輕易以高價再予轉售。世界

上第一個正式的原物料商品交易所是在十九世紀中期誕生，主要是為了滿足因美國快速工業化而持續成長的需求。

　　原物料商品具備非常多獨特的特性，包括：它們的品質通常始終如一，而且產品差異性非常小。基於這個原因，多數原物料商品都有一個全球性的價格或標竿，這在眾多產品當中，是很罕見的情況。工業用原物料商品通常是作為生產其他商品或服務的投入原料，通常這種原物料商品被開採出來後，要經過某些精煉的流程。農業原物料商品也通常會以某種方式進行精煉或加工後，再製作成食品、飼料或紡織品的組成成分。也因如此，一般消費家庭鮮少直接購買原物料商品，通常是製造業公司以中間商品的形式購買。

　　最廣義來說，「原物料商品」一詞可用來形容所有的貿易商品（traded good）——通常它被用來形容實體的商品而非服務，不過有時兩者都適用。自古以來，這個字眼也被用來形容某種有品質或價值的東西，不過這個解讀方式大致上已經過時，只有少數貴金屬還適用。近幾年來，這個字眼也衍生出非常多動詞，包括「商品化（commodify）」和「平價商品化（commoditise）」，前者是指讓某種東西變得具有商業可行性，後者則用來形容當商品的差異性變得難以辨別時，會削弱該商品生產者的力量。

　　本書是聚焦在較狹義（也可以說較純粹）的原物料商品定義，也就是天然資源或原料，包括礦產品和農產品。我們將檢視這些商品的消費、生產及市場趨勢，還有過去多年的價格走勢及未來的可能變化。總之，這是一本包羅萬象的原物料商品指南書，如果你需要了解這些商品的種種細節，絕對可以從中取得非常精確且非常有助益的解釋。

關於本書

本書主要是從經濟的角度來討論原物料商品。第一部概述了某些經濟議題，像是某些本質上屬於有限資源、天然資源的原物料商品是否真能帶來經濟利益，以及決定天然資源價格波動的因素。同時也詳細討論了原物料商品近幾年逐漸成為一種投資性資產的趨勢、概述主要的相關金融工具，並探討為何投資人會想投資天然資源和原料。

第二部至第四部涵蓋了三種主要類型的原物料商品：工業（主要是基本金屬，但也包括一些貴金屬）、能源和農產品。我們會盡可能以一致的模式來介紹每一個類別的主要原物料商品，同時將討論它們的特性、用途、主要消費者和消費趨勢、主要生產者和生產趨勢、這些原物料商品的交易處所、價格發展和整體展望等。

最後，我們還附上一個詞彙解釋表和主要統計資訊及研究來源清單。

第一部

市場基本面

原物料商品經濟學

　　典型而言，逐步走向工業化及城市化的國家通常會需要愈來愈多的工業原料（尤其是基本金屬）和能源，而等到它們的經濟發展到一定程度，變成較服務導向的國家後，上述工業原料的需求量就會減少。不可否認的，美國和歐洲也曾經歷過這樣的原物料商品消費型態。圖1.1是美國及中國在一九七○年至二○一○年間的鋼鐵生產量，從中可看出這兩國的不同經濟發展階段。當全球經濟成長的主要動力來自已開發國家（尤其是美國），且經濟成長受服務部門（而非製造或建築業）驅動的程度愈大時，原物料商品的價格和需求就會比較疲弱或甚至下降。不過，儘管近幾年的歷史顯示這個理論依舊說得通，但卻不宜以這麼粗略的推論來估算未來的原物料商品消費及生產趨勢，因為這個理論假設所有國家的經濟發展路線都是一模一樣的，但其實並不盡然。

　　過去十年間，開發中國家的經濟可謂飛速向上發展，尤其是中國。這些國家需要建築運輸網、電網和住宅，因此，全球原物料商品的需求也大幅增加。此外，中國選擇依循傳統的工業化路線，在這個發展過程中，它漸漸成為世界製造中心，也因此變成幾乎所有工業原物料商品（石油是非常顯著的例外）的最大消費國。

圖1.1　一九七〇年至二〇一〇年美國及中國人均鋼鐵產量

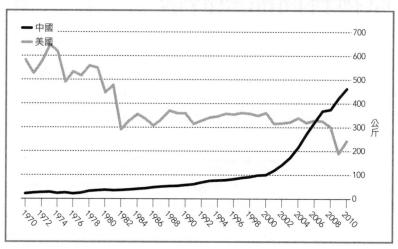

資料來源：中國國家統計局、美國人口普查局、世界鋼鐵協會

這是另一個超級循環嗎？

　　很多人喜歡用一個理論來解釋近幾年原物料商品需求大增的現象，這個理論主張，我們正處於另一個原物料商品超級循環（supercycle），所謂超級循環是指原物料商品價格從谷底上漲到高峰、再從高峰跌回谷底的時間非常久，大約是十五至二十年，甚至更久的週期。典型來說，這種週期通常具備以下特質：全球經濟發生基本或結構性轉變、戰爭、革命或重大科技創新，如運輸或通訊創新等。

　　圖1.2是一八六二年以來的《經濟學人》（*The Economist*）工業用原物料商品名目價格指數。我們特別圈出了原物料商品價格通貨膨脹時期。在這些時期，全球經濟都發生了一些結構性的變

圖1.2　《經濟學人》工業用原物料商品價格指數

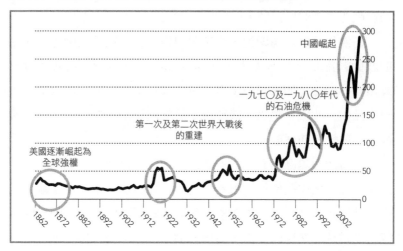

資料來源：《經濟學人》

化，像是美國的工業化、歐洲及日本在第一次和第二次世界大戰
後的重建、一九七〇年代及一九八〇年代的石油危機，最後一次
則是中國的工業化。

　　有兩名經濟學家（當然，還有其他人）針對超級循環發展出
各自的分析基礎架構，並提出詳細的解說；他們分別是俄羅斯的
尼古拉・康德拉季耶夫（Nikolai Kondratiev）和美國的約瑟夫・
熊彼得（Joseph Scumpeter）。康德拉季耶夫利用原物料商品價
格、利率、工業生產和對外貿易等要素來概述長週期循環（long
wave）——即涵蓋四十至六十年的循環。康德拉季耶夫循環的特
色是：最初經濟活動穩定上升、低利率和物價上漲，然而，隨著
資產價格泡沫開始形成，轉折點（或稱轉捩點）就會出現，接下
來，利率將開始上升，經濟成長則趨緩。這個循環的最後階段就

是經濟衰退或蕭條，而且到了這時，先前經濟榮景時期所累積的過剩產能就會開始瓦解。

在漫長的超級循環裡，也常會出現一些短期的波動，這些短期波動通常是因某些外生（exogenous，指未被考慮到的變數）或預料外因素（如氣候或戰爭）所造成，這些因素可能改變原物料商品價格的既定趨勢。熊彼得的研究就是聚焦在大型超級循環裡的這種較短期循環。

把這個理論應用到原物料商品，便可以推演出一個結論：一旦全球經濟出現結構性或根本變化——如戰爭、革命或運輸及通訊領域的重大創新——人類對天然資源的需求將暴增。由於供給無法滿足意外暴增的需求，資源的價格便會上漲。接下來，原料供給將隨著需求漸漸增加。只不過，以多數工業原料（如金屬或能源）來說，要新增穩定的供給量，有時可能得花上好幾年的時間，所以價格將維持相對高檔一段時日。而等到供給終於漸漸能滿足需求後，消費水準可能已經開始降低，畢竟經過漫長的快速擴張期後，需求成長難免漸趨平穩，漸漸停滯在一個較能永續發展的水準。

不可否認的，經濟學家總喜歡訴諸理論來解釋全球經濟的現況，然而，這個理論（如果你認同它的話）的確也有重要的實務用途。投資決策——尤其是和礦業及能源產業有關的決策——都是以需求及價格的長期展望為基礎。此外，擁有豐富天然資源的國家也有必要了解原物料商品價格的可能趨勢，而這個理論有助於推演出他們想要的答案。然而，回顧並分析為何過去三十年原物料商品價格會維持高檔並不是什麼難事，但要展望未來並精準判斷下一個高峰或谷底，就難多了。

　　對超級循環理論存疑的人主張，這幾個原物料高價期其實只是一種循環性的現象，它很類似各個經濟體利用財政及貨幣政策所製造的那種整體性的週期。如果真是這樣，那我們可以說近十年的原物料商品價格飆漲，其實是超級寬鬆的貨幣情勢所促成：寬鬆政策導致通貨膨脹上升，並促使原物料商品出現大多頭行情。

「石油峰值」

　　也有人用另一個以石油市場為中心的理論（以及石油為有限能源的論述）來解釋原物料商品市場的種種發展，但這個理論的成果並不理想。這個理論是從地質學家金‧休伯特（M. King Hubbert）於一九五六年發表的一篇研究報告逐漸演變而來，當時他任職於殼牌公司（Shell）位於德州休士頓的研究實驗室。這個理論主張，世界原油年度供給量已達高峰值，未來將逐步下降，而這個事實將對油價造成永久性的上漲壓力。

　　這個理論主張所有類似石油、銅或煤炭等有限資源的生產模式都像一條鐘形曲線，換言之，到達一定的時點後，產量勢必會達到高峰並進而逐步降低，而產量降低的型態將呼應上升的型態，而且取決於可取得礦藏量的多寡。

　　毫無疑問的，若根據這個理論，整個世界將開始爭奪日益稀少的資源，到最後，各方勢必會爆發衝突，甚至開戰。直到前一陣子，多數人仍宣稱休伯特的理論精準預言了美國石油產量的增減情況，不過，現在這個理論已開始有一些爭議。因為最近美國石油產量又開始增加；儘管新增產量主要是來自非傳統來源，但

預期未來十年的產量還是會穩定增加。此外，事實也證明，休伯特宣稱美國石油產量將在二○○○年達到高峰的論述是錯誤的。

石油峰值理論的問題之一是，在這個理論的原始模型裡，科技和價格等條件全都維持不變。然而，隨著油價走高和科技日新月異，不管是就技術或經濟層面來說，非傳統油田的開採都變得可行且有利可圖。另外，科技上的突破也讓人得以開發原本因故無法採集的傳統型資源。

而且，由於世人漸漸了解到很多工業原料是有限的資源，因此，普遍更致力於金屬回收和節能等作為。如此說來，石油峰值理論只能算是世人對原物料商品供給安全（supply security）憂慮（見以下）的一種極致表現罷了。

供給安全的憂慮

自古以來，各國捍衛天然資源的種種作為經常導致地緣政治情勢陷入緊張，而資源民族主義（形容有些國家不讓外國勢力或跨國企業開採天然資源）的興起，更讓高度依賴進口天然資源的國家憂慮不已。從第二次世界大戰以來，很多國家都竭盡所能地設法在各項資源上達到自給自足，一九五○年代的南美及當今中國的發展模型就是顯著的明證，至少它們都力求達到「多數基礎食物自給自足」的目標。而由於多數天然資源──包括所有碳氫化合物及金屬──存量確實有限，更加深了這種「供給安全」憂慮。根據標準貿易理論，一個國家應該生產它本身擁有相對優勢的商品，並拿這些商品與其他國家交易。不過，如果一個國家必須仰賴進口來取得它認為「必要」的物資，那它當然會對自身的

脆弱性有所察覺。

於是，食物供給安全和能源供給安全問題變得高度泛政治化，其中，能源供給安全更成為某些資源短缺國的重要外交政策考量之一。過去十年間，農業原物料商品的出口國常在收成不好的年度實施貿易管制；水源匱乏的中東國家則購買很多土地，或是到具有農業發展潛力的國家投資；另外，中國也在資源豐富的國家從事非常大規模的投資，尤其是非洲國家。這種種作為的目的，都是為了確保國家能取得國內消費所需的必要天然資源供給。另外，供給中斷的憂慮（而非實質中斷）有時就足以對原物料商品價格造成強大的影響。

生產者的行為

由於世界上很多資源的供給都有明顯的地理集中性，例如白銀及銅的大量供給帶明顯集中在美洲，而東南亞則是錫的主要生產區，這代表少數的生產者有可能成為左右價格的強大參與者。然而，二十世紀期間，生產國幾度企圖取得價格設定權，但最後卻都沒有得逞，例如國際咖啡協議（International Coffee Agreements，簡稱ICAs）和國際天然橡膠協議（International Natural Rubber Agreements）。唯一倖存至今且擁有強大市場影響力的類卡特爾（cartel）組織是石油輸出國家組織（OPEC），目前該組織的石油供給量約占全球的40%。

OPEC試圖設定一個既能滿足石油市場需求，但又不會導致價格下跌的產出目標（除非油價大幅上漲到無以為繼的情況，它才會上修產出量）。不過，這個組織的歷史交替多變，成敗毀譽

也大致參半。如果會員國藐視組織設定的目標，或不遵守OPEC的主要政策，它也不能加以懲罰，而且，所有會員國裡只有沙烏地阿拉伯擁有足以調節產量的產能——它可以為了影響油價而大幅增加產出。另一個問題是，這些生產國只能支配原物料商品貿易的一個面向——生產面，所以它們的靈活度明顯不足。

資源是天上掉下來的禮物嗎？

資源短缺的國家可能經常為了必須依賴進口來取得一般所謂的「策略性」商品而傷透腦筋，不過，綜觀自古以來的經濟發展史，擁有豐富資源對一個國家來說，卻也不見得是上天的祝福。表面上看起來，擁有眾人夢寐以求的資源的國家，確實有著令人豔羨的優勢，因為它們可以用這些資源來發展國家的經濟（無須擔憂供給問題），再把剩下的資源拿來外銷，而且就理想狀態來說，它們還能用非常吸引人的價格把資源賣給其他國家。然而，實際上來說，某些擁有豐富天然資源的國家，卻也是國民所得或經濟發展方面最弱勢的國家。

造成這個現象的原因之一是，資源產業有可能對經濟體系的其他部門造成排擠效果。擁有寶貴資源——尤其是國際價格極具吸引力的資源（如近幾年的石油）——的國家可能反而因此失去發展其他經濟部門的誘因。此外，原物料商品出口所帶來的優渥收入，以及該國家可能因這些資源而吸引到的外國投資資金，有可能促使該國匯率大幅升值，讓該國的其他出口產業喪失競爭力，同時也讓進口意願上升（這又導致它們發展國內產能的誘因進一步降低）。另一個問題是，除了農業以外，資源部門（礦

業、林業及能源）雇用的勞動人口可能不多，所以這個部門對整體經濟成長的貢獻並不大。一九七〇年代時，《經濟學人》雜誌的一篇文章為這個現象冠上「荷蘭病」（Dutch disease）的名稱，這篇文章是檢視荷蘭一九五〇年代發掘大量天然氣的後遺症：天然氣出口收入促使該國匯率升值，但它的製造部門因匯率升值而衰退。

　　擁有資源的開發中國家還得擔憂另一個問題：因為外國企業擁有較優異的必要開採技術，所以，資源開採的經濟利益有可能不成正比地流入這些企業的口袋，生產國未必能明顯蒙受其惠。這個憂慮導致「資源民族主義」逐漸興起，加上生產國漸漸認知到擁有豐富原物料商品的缺點，所以，這些國家遂開始經營大型主權基金（Sovereign wealth fund），將過多的流動性（liquidity）存放在國內經濟體系之外，並防止出售資源的所得全部被耗用在政府當下的支出。另外，它們也設法利用這些「天上掉下來的收入」來充實人力及實體資本。

　　未來，擁有豐富資源的國家還有個進一步的問題需要解決。在過去，生產原料的國家只是單純將原料外銷，所以整個供應鏈裡獲得最多利潤的通常是終點的參與者，也就是中介商、貿易商、加工廠商和零售商。這種情況在農業原物料商品最為顯著，舉個例子，西非外銷可可豆到歐洲和美國，所有研磨及調合作業都是在終點國進行，換言之，相關的附加價值都被這些國家賺走。過去還曾經因進口國課徵關稅（對較高附加價值的產品）、設定一大堆繁複的標準或實施補貼公共政策等，導致原物料商品難以進入這些國家的大門，這讓原物料商品的生產國吃更多虧。所以，現在這些生產國漸漸選擇發展本國加工業。

決定原物料商品價格的因素

　　生產原物料商品的成本無形中就像是原物料商品價格的最底線，其中，生產商尤其常根據邊際生產成本（marginal cost of production）——即增加一單位產出的總成本變化——來決定是否推動一個專案。理論上來說，如果某原物料商品的價格跌破邊際生產成本，生產商理當會縮減產出量。然而，在現實的世界裡，生產者有時還是會基於期待價格回升的心態而繼續生產；另外，如果市場上存在一些扭曲因素（如政府補貼），生產商也會選擇繼續生產。

　　研判原物料商品價格的總體經濟分析法，則考慮到更廣泛的變數，這種方法將價格視為需求／供給以及存貨（庫存）行為的函數。舉個例子，如果庫存下降，價格通常會有上漲壓力，因為這顯示需求成長速度超過供給，而且庫存下降也會讓市場變得更容易因非預期的供給中斷而受到衝擊。如果一項原物料商品的需求增加幅度相對高於供給，均衡價格（equilibrium price，亦稱市場清算價格〔market-clearing price〕，在這個點上，買方和賣方對價格及數量要素都很滿意）就會提高。

　　理論上來說，需求應該是和經濟成長及所得正相關，但這個關係並非絕對（見圖1.3）。需求不盡然永遠都能被滿足，舉個例子，或許市場對銅的需求量非常大，但此時價格可能不巧過高，或供給量不足，在這種情況下，需求就難以全面獲得滿足。要預測一項商品的消費水準，必須先了解其需求的價格彈性（price elasticity of demand，指價格變動後，消費型態會出現什麼回應）：當價格上漲，消費會開始降低，或是維持不變（稱為需求

圖1.3　需求曲線

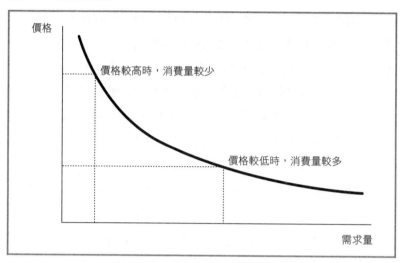

完全有彈性〔perfect elasticity〕）？

　　近幾年，由於原物料商品價格上漲，所以這個問題經常被拿出來討論。典型而言，如果一樣商品被視為必需品，它的價格彈性就比較低，但問題是，美國人眼中的必需品（如汽油）有可能是他國人民眼中的奢侈品。其他影響價格彈性的因素還包括替代物品（可能比較便宜）的可取得性及價格變動的持續期間。舉個例子，燃料價格在短時間內急速上漲，不可能導致習慣或消費水準改變，不過，價格長時間上漲卻可能導致消費量永久降低。

　　另一個應考慮的關係是需求的所得彈性：所得的增加會導致某樣商品的消費量增加、減少或不變？雖然你可能認為所得增加將會促使消費量增加，但如果是諸如基本穀物之類的原物料商品，所得增加可能反而代表消費習慣轉變：它會促使一般人偏好

較昂貴的食物，如肉類。

供給面也不容易預測。農產品和某些礦業的產出有可能受無法預測的氣候影響，而且農產品產出量也可能受流行疾病影響。地緣政治事件、勞工抗爭和政府稅賦、貿易或所有權政策的改變，都可能干擾到供給。另外，也必須把供給的反應速度列入考慮。例如，某些農產品（糖、黃豆）的生產者可能有辦法在較短時間內（快則可能在一季內）對需求或價格的變化做出反應，但其他農業原物料商品（咖啡或橡膠）則要花較長的時間種植。而以礦業和能源產品的增產速度來說，新產能甚至可能要花十年才能真正投產。這些工業用原物料商品還面臨其他限制，包括在開發必要基礎建設時，會需要很多技術勞工和大量資本投資。

庫存水準也隱含不確定性，這些不確定性多半和庫存規模及品質不透明有關。很多國家可能會針對某些原物料商品建立策略性儲備或庫存，而如果這些國家選擇不對外揭露相關的庫存水準，該國表面上對一項原物料商品的現貨消費量，有可能遠比實際消費量高。然而，庫存也可能有助於緩和因一次性供給中斷而衍生的問題，讓相關原物料商品不至於突然無法或難以取得。

更糟的是，以目前的環境來說，光是評估市場基本面，根本不足以判斷一項原物料商品的價格趨勢。原物料商品投資需求的大幅上升，代表我們在判斷其價格趨勢時，還必須考量其他因素，包括：

- 全球流動性水準（一般認為高流動性或寬鬆貨幣政策會促使原物料商品價格上漲）。
- 美元的價值（多數原物料商品都是以美元計價，所以這兩者

向來存在反向的關係，舉個例子，當美元趨於弱勢時，原物料商品可用來規避弱勢美元的風險）。

■ 替代性投資資產（債券、股票）的波動。

■ 利率（和多數金融投資不同，原物料商品並沒有發放利息，若利率維持低檔，其他投資的報酬率將會比較低，原物料商品的表現就比較可能超越其他資產類別）。

■ 投資人行為或信心（有時候，投資人會流於從眾行為）。

■ 市面上原物料商品相關金融產品的變化。

■ 油價（其他原物料商品的價格有時候會跟著油價波動）。

若以實質價格計算，過去一個世紀以來，原物料商品價格其實是下跌的。其中一個原因是，在上個世紀，全球的經濟成長多半是受已高度開發的國家驅動。對已開發國家較有利的不平等貿易作業（如高關稅等），也可能是導致原物料價格遭受壓抑的因素之一。然而，由於長年低價及投資不足，需求的突然大幅增加（主要係因中國二○○○年以後的快速工業化）導致原物料商品生產者措手不及，無法及時滿足增加的需求，因此也使得各種原物料商品的價格飆漲。儘管以供需基本面來說，近期的價格飆漲尚稱合理，但其實流入原物料商品市場的投資性資金，也對價格的漲幅產生了推波助瀾的效果。

作為金融資產的原物料商品

　　早期的原物料商品交易所是以交易農業原物料商品為主，但到最近幾年，這些交易所變成好像專為基本原料生產者及消費者設置，生產者及消費者雙雙藉由提前買進或賣出這些原料來規避自身風險。

　　就過去的情況來說，想投資原物料商品，但又不想購買或不承諾購買現貨資產，唯一可行的方式，通常是間接投資原物料商品生產企業或配銷企業的負債或股權。然而，這種投資方式所牽涉到的不僅是原物料商品的曝險，投資人也得承擔標的企業的風險。舉個例子，如果一家鋅礦公司的成本過高、公司治理不完善、某個鋅礦坑的表現不佳或礦區位於經商環境或條件不佳的國家（如氣候惡劣或勞工抗爭導致供給中斷等），那麼即使鋅價上漲，這家公司的營運績效可能還是不理想。另外，投資人也得承受金融市場風險，因為就算原物料價格上漲，若目前股票市場處於空頭階段，礦業公司的股票還是有可能會下跌。

　　直接投資原物料商品的難處是，多年來原物料商品市場的交易量都非常清淡，所以價格波動性非常高，而且由於市場深度不足，價格也容易受特定力量操縱。然而，到一九九○年代末期至二○○○年代，隨著原物料商品價格開始上漲，愈來愈複雜的金

融商品猶如雨後春筍般不斷冒出，換言之，讓投資人得以更直接投資原物料商品市場的工具明顯增加，相關的交易成本也大幅降低。另一項發展是，世界上有愈來愈多原物料商品交易所成立，目前世界各地至少有七十個交易原物料商品期貨的交易所，只不過很多交易所提供的交易產品有限，而且交易量都很低。但無論如何，以近幾年大環境的變化來說，光是觀察根本的供給和需求概況，已不足以判斷一項原物料商品的價格將上漲或下跌；總體經濟面因素如利率、匯率以及全球流動性趨勢等驅動投資人信心的因素，也都必須列入考慮。

近年來新增的原物料商品交易，有很多是透過櫃檯市場（over-the-counter，這裡沒有正式的交易所或交易廳，所有交易都是透過電話或電子平台完成）進行，所以這些交易受監理的程度並不高。過去十年間，交易量大幅增加，根據聯合國貿易暨發展會議（UNCTAD）的統計，全球原物料商品期貨合約金額從二○○一年的4.18億美元暴增到二○一一年的2.6兆美元。

然而，近年來由於原物料價格一波波走高，加上世人對二○○八年金融危機的傷害餘悸猶存，外界開始憂心投機者的市場影響力坐大，於是，加強監理的聲浪日益高漲。有些人甚至呼籲完全禁止特定原物料商品的投資性交易，尤其是容易牽動政治及社會敏感神經的農業原物料商品，他們擔心食物價格起伏和高能源價格將對低所得或貧窮家庭造成負面衝擊，進而導致全球貧窮水準更難改善。

二○一○年時，二十國集團（G20，由二十國財政部長及中央銀行官員組成的集團）宣布將「食物安全」（food security）列為優先考量。G20研究小組（G20 Study Group）後續的報告發

現，原物料商品領域的金融投資已導致價格遭到扭曲，換言之，價格並未如實反映需求及供給基本面。投資人彼此有樣學樣（即所謂的「羊群」心理）的傾向，導致價格紊亂的情況變得更加嚴重。二〇一一年時，G20甚至宣示將加強對原物料商品衍生性金融商品（期貨）市場的監理，美國原物料商品期貨交易委員會（Commodity Futures Trading Commission，簡稱CFTC）和歐盟委員會（European Commission）也計畫在二〇一三年至一四年間，實施更嚴謹的原物料商品期貨市場監理法規。這些作為可能促使原物料商品櫃檯交易量縮減，但正式交易所的交易量卻會增加。另外，這也可能讓單一投資人持有特定期貨合約的規模比例受限（譯注：也讓他們難以任意操縱市場）。

期貨市場

最早發展出來的原物料商品金融工具是遠期（forward）和期貨（futures），這些市場的設計是為了讓穀物或金屬生產商得以更明確掌握未來將成交的價格。當然，有了這些市場，原物料商品的消費者也能先行鎖定購入價格，並因此更妥善設定預算。近幾年，連無須使用原料的金融投資者也會購買原物料商品期貨，他們的投資活動促使市場的流動性上升。從期貨合約可具體且詳細看出標的商品的精準屬性及儲存地。期貨交易所也經營倉儲業務。

投資人一旦購買某項原物料商品期貨，就等於是賭這項商品將在特定時間點達到某個預期價格。如果期貨價格曲線是一條向下傾斜的曲線（見圖1.4），就代表該原物料商品未來三至六個月

圖1.4　期貨價格

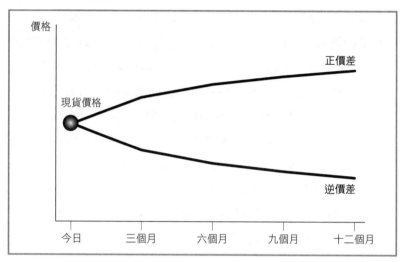

的期望價格比目前的現貨價格低，這樣的市場被稱為逆價差
（backwardation）。在這個情境下，生產商可能因為擔心未來的售
價將降低而選擇減少庫存量。如果期貨價格曲線是一條向上傾斜
的曲線，那就代表未來三至六個月的期望價格比現貨價高，這種
市場就稱為正價差（contango）。一般認為期貨市場能為現貨市
場發揮價格發現（price discovery）的功能。

　　投資人投資原物料商品期貨可獲得的總報酬是由三個要素組
成，有些人將之稱為「現貨、展期及抵押報酬」。

■ 現貨報酬：這是指標的原物料商品的現貨價格變化。
■ 展期報酬：在近期期貨合約（最接近結算日的期貨合約）到
　期前將之賣出，並將取得的價金再投資到更遠期期貨合約而
　獲得的報酬。當期貨曲線為逆價差時，這項報酬就是正數，

但如果期貨曲線是正價差，這項報酬就是負數；如果期貨曲線精準預測未來的價格，投資人就不會產生任何損益。

■ 抵押報酬：期貨合約不要求投資人事先支付全額的合約價值（只需支付一小部分，稱為保證金〔margin〕）。投資人可以選擇在合約存續期間，將剩餘的合約價值投資到另一項替代工具（通常是國庫券，但有時是現金）。抵押報酬就是來自其他投資工具的報酬。舉個例子，當你選擇投資1000美元到原油期貨，你可能只要支付10%的保證金，也就是事先支付100美元取得未來購買原油的權利。這時，你可以選擇將剩下的900美元投資到孳息的國庫券，賺取一點額外的利潤，這也等於是確保自己到時候將有足夠的資金可支付期貨投資所需。

不過，投資人並不一定要追求原物料商品投資的所有可能報酬，他們可以有很多選擇，例如，可以單純購買期貨，也可以在沒有備用資金（無抵押品）的情況下介入原物料商品期貨的曝險部位。

投資原物料商品比以前容易多了

就算到現在，要投資原物料商品的現貨市場還是有一定難度，不過，投資人可能不會太在意這個問題。除了黃金以外，一般人根本很難透過現貨價格賺錢，因為購買原物料商品現貨時，一定還得支付儲存和運送成本。儲存農業原物料商品的成本尤其高。此外，儲存原物料商品的機會成本也會隨著利率上升而增

加，因為原物料商品無法為你創造利息。所以，和其他金融資產比較起來，原物料商品現貨就不那麼有吸引力。如果投資人無論如何都想投資原物料商品的曝險部位，目前已經有很多替代方法可使用，但這些方法主要都是和原物料商品期貨有關。

催化近年來原物料商品市場發生諸多變化的首要因素，當屬原物料商品指數的開發。這些指數通常是隨著一籃子原物料商品期貨的價格而波動，只是不同指數的編製方法大異其趣。我們可以透過指數涵蓋範圍的廣度（原物料商品的數量）、不同原物料商品占指數的權重，以及指數的「展期機制」（rolling mechanism，指期貨合約到期後的展期方式）來區分這些指數。多數的指數都會每個月展延它們的部位，但有些投資銀行也推出了強化版的指數，目的希望要投資期貨曲線（包括近期或較久以後才到期的期貨）上的不同合約，以便優化（optimise）展期機制。

原物料商品指數繁多，有些並非為投資目的而設計，例如：

■ 聯合國世界農糧組織（FAO）食物價格指數（FAO Food Price Index）

■ 世界銀行原物料價格指數（World Bank commodity price indices）

■ 國際貨幣基金原物料商品價格指數（IMF commodity price indices）

■ 中央研究局原物料商品價格指數（Central Research Bureau commodity price indices）

■《經濟學人》原物料商品價格指數（The Economist commodity price indices）

而作為投資參考的原物料商品標竿價格指數則包括：

- 標準普爾高盛原物料商品指數（S&P GSCI〔Standard & Poor's and Goldman Sachs Commodity Index〕）
- 道瓊瑞士聯合銀行原物料商品指數（DJ-UBS〔Dow Jones-UBS Commodity Index〕)
- 羅傑斯國際原物料商品指數（Rogers International Commodity Index）

不過，這些公司並沒有一個整體標竿指數。各項指數都是針對原物料商品市場裡的某個特定區塊而開發，主要目的只是為了讓投資人在針對特定原物料商品或某一次類的原物料商品進行資金配置時，能有一個參考基準，例如標準普爾家畜指數（S&P livestock index）。從傳統原物料商品指數演變出來的另一種變形指數，可能和期貨合約的展期時間點或展期方法有關，目的是為了迴避因正價差曲線而持續產生展期虧損，如標準普爾 GSCI 增強指數（S&P GSCI enhanced index）。

原物料商品指數是介入原物料商品市場的有效管道，不過，指數投資卻是一種被動式的投資。換言之，這種投資並不是引發原物料資產價格泡沫的元凶。指數投資者並不會囤積大量的原物料商品，坐待未來以較高價格將之賣出，所以，這類投資人並不會導致某項原物料商品的需求面產生變化。透過這種被動型投資標的配置到特定原物料商品的資金比重相對穩定，且其配置不受期貨曲線的形狀影響。

由於散戶投資人不容易在原物料商品期貨市場裡交易，所以，很多有助於他們介入這個市場的投資工具遂應運而生。這些

工具多半是以指數型產品（exchange-traded products，簡稱ETP）的型態存在，尤其是指數股票型基金（exchange-traded funds，簡稱ETF）或指數債券型基金（exchange-traded notes，簡稱ETN）。ETF可以投資原物料商品指數、特定原物料商品，或一籃子的原物料商品。近幾年來，一般人投資指數型產品的目的，多半是為了取得貴金屬和農業原物料商品的曝險部位，而非基本金屬。

ETF只是一種持有特定標的資產組合的基金。ETF的股份就像一般企業股份，也在股票交易所掛牌交易。以前，原物料商品指數的ETF屬於被動型投資標的，它們完全比照指數成分來建立基金的持有部位；不過，近幾年較積極管理型的ETF陸續推出。由於是積極型的投資標的，所以這種基金的經理人會設法提升來自指數的報酬率。

ETN是一種票據或債券，投資人可以透過金融機構買到這種商品。這種債券的報酬和標的資產（如原物料商品指數）的報酬連動。ETN的風險高於ETF，因為它還牽涉到金融機構本身的風險，畢竟金融機構還是有無力償還債券本金的可能性。

較複雜的工具

也許是為了反制指數型投資的被動特質，近幾年很多連結原物料商品的結構性產品陸續推出。所謂結構性產品通常都是由一個固定收益（債券）要素（至少能局部或全額保本）和一個標的資產衍生性金融商品（或選擇權）要素組成。原物料商品結構型產品的標的資產必定是某一檔原物料商品期貨。

　　二〇〇〇年代期間，結構性商品迅速普及化，不過，之後也迅速趨於沉寂，部分是由於二〇〇八年全球金融危機爆發後，媒體對這種商品的負面報導非常多。另外，近幾年由於全球經濟及原物料需求的前景令人捉摸不定，相關投資活動也因此明顯降溫。

為何要投資原物料商品

　　過去十年來，儘管原物料商品價格波動劇烈，但相關的投資活動卻是欣欣向榮。根據教科書內容，投資原物料商品的主要利益是分散投資組合的風險，同時，原物料商品也是規避通貨膨脹風險的好工具。舉個例子，原物料商品價格通常會因天然災難——如乾旱——或地緣政治情勢緊張而上漲，而在這些情境下，其他資產如股票卻通常會跌價。

　　其他某些投資人可能是基於總體經濟面因素——如石油峰值和超級循環理論（見頁12）——而相信原物料價格將上漲。近年來原物料商品投資增加，還有其他更務實的理由，包括交易成本降低及可選擇的金融原物料商品愈來愈多（儘管業界也是為了回應投資人熱切想介入原物料商品市場的心態而推出）。

分散投資組合風險

　　一般認為，資產經理人可藉由持有原物料商品型的資產，來規避總體經濟面風險或可能對多數其他金融資產產生類似影響的市場事件的風險。在一九七一年至二〇〇七年間，標準普爾500（S&P 500）股票市場指數有八年的報酬率是負數，但在這八年當

中，原物料商品市場的報酬率有六年為正數。一般認為在市場走下坡期間，原物料商品期貨的表現會優於股票和債券。然而，原物料商品投資的暴增已導致分散投資組合風險的利益遭到侵蝕。目前原物料商品市場比以前更容易受投資人重新調整投資組合（portfolio rebalancing）的行為影響，而這無形中也讓原物料商品和其他金融資產市場──包括股票──的相關性提高（見圖1.5）。

　　此外，近年來，原物料商品市場的交易模式也和其他金融市場──尤其是股票市場──非常類似。當全球經濟成長展望看似即將改善，或當局為了促進經濟成長而採取寬鬆貨幣政策時，原物料商品市場也會像股市一樣上漲。這有可能只是非常時期的一

圖1.5　標準普爾500綜合指數（股票）及標準普爾高盛原物料商品價格指數

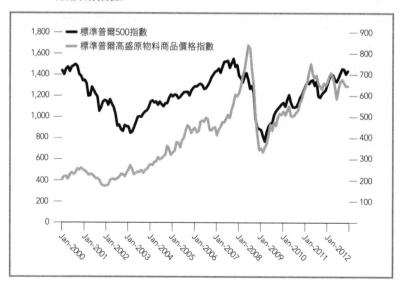

資料來源：標準普爾公司、哈弗分析公司（Haver Analytics）

種暫時性現象，隨著貨幣政策開始正常化，原物料商品原本那種有助於分散投資組合風險的特點有可能會漸漸恢復。有一個理論主張，當價格受需求趨勢驅動（如強烈的需求促使價格上漲）時，原物料商品市場將和股票正相關；但如果市場只受到供給面的發展驅動（例如乾旱導致小麥價格上漲），原物料商品價格的波動就會和股票不同向。

利用原物料商品來規避通貨膨脹風險

如果通貨膨脹逐步上升，原物料商品價格也可能走高。事實上，原物料商品價格很有可能就是促使通貨膨脹率上升的導因。然而，當通貨膨脹率上升時，股票市場通常會下跌，這多半是因為此時中央銀行可能會採取緊縮貨幣政策來打壓通貨膨脹，進而導致經濟成長率降低。事實上，就過去的歷史而言，在油價大漲及後續的貨幣緊縮期，股票市場的表現都比較疲弱。

有些投資人基於一些看似充分的理由而完全不投資原物料商品，他們的理由是：原物料商品市場交易量過於清淡，所以很容易被操縱。儘管目前這個風險已經不存在，但價格波動卻依舊非常劇烈。

第二部

基本金屬及貴金屬

鋁

鋁是地殼裡含量最多的金屬元素，鋁礬土（bauxite）——一種含有氧化鋁（或稱鋁氧土〔alumina〕）的礦石——含有大量的鋁。氧化鋁必須經過複雜的冶煉過程，才能產生鋁金屬。鋁的重量很輕，不過卻很堅硬，這些特質讓它成為愈來愈受歡迎的鋼鐵替代品，尤其是在汽車的用途。它的其他特質還包括傳導性佳，抗腐蝕，有彈性，而且熔點低（所以它很容易回收）。它的最終用途非常多元，例如電子業、運輸業（尤其是飛機和汽車）、建築、廚房用具和食品包裝等。

鋁礬土：礦藏及產出

鋁礬土通常含有30%至35%的鋁，主要是在世界各地的熱帶區域開採。幾內亞（Guinea）擁有世界上最大的已知礦藏量，礦藏量緊接其後的是澳洲和巴西（見圖2.1）。鋁礬土蘊藏量豐富，所以，一旦有任何供給短缺，必定是經濟面或政治面因素造成，如獲利能力不佳或資源民族主義作祟等。然而，近幾年來，消費者開始抱怨高品質鋁礬土不易取得。二〇一一年，由於巴西、中國、幾內亞、印度、牙買加、蘇利南和委內瑞拉的生產量增加，鋁

圖2.1　鋁礬土礦藏，二〇一〇年

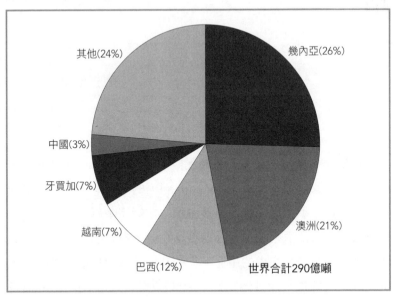

其他(24%)

幾內亞(26%)

中國(3%)

牙買加(7%)

越南(7%)

巴西(12%)

澳洲(21%)

世界合計290億噸

資料來源：美國地質調查局（US Geological Survey）

礬土產出年增率達6%。澳洲是目前世界上最大的鋁礬土生產國。
然而儘管中國的鋁礬土礦藏並不多（僅約占世界總礦藏量的3%），
它仍在二〇〇七年取代澳洲，成為世界最大的氧化鋁生產國。

製程及產品

　　精煉廠先以拜爾製程（Bayer process）從鋁礬土礦石裡萃取
出氧化鋁，再以冶煉的方式生產原鋁（primary aluminium）。大
致上來說，4至5噸的鋁礬土可以生產大約2噸的氧化鋁，而這些
氧化鋁可以提煉出1噸的鋁。鋁的生產過程耗費大量能源（生產

1噸的鋁大約要耗掉1萬4千瓩／小時的電力），所以，很多冶煉廠都設在能源豐富的國家。鋁的冶煉廠是採用霍爾－赫魯特製程（Hall-Heroult process）來生產鋁錠產品（熱軋板胚、擠壓錠、原鋁鑄錠及重熔鋁錠），接著，這些鋁錠產品通常會被運送到國內外其他地方，進一步加工為半成品如厚鋁板、鋁型材、線棒和鑄件等──通常各種加工作業都是在同一家公司內部進行。

半成品用在包裝、運輸、建築、工程設計和電力產業，而且主要是在區域市場內交易。這類產品通常是由回收（二手）鋁和原鋁合成而來。

消費與貿易
區域趨勢

運輸設備產業是各種鋁產品的最大消費者，二〇〇八年，該產業的消費量占全球鋁消費量的25%，其次是營建業（23%）、包裝及電力製造（各14%）。一九八〇年代時，鋁消費量成長最快速的是包裝產業，不過，到一九九〇年代，運輸業成為主要的成長動能來源。歐洲鋁協會（European Aluminium Association）的資料顯示，二〇一〇年運輸業的鋁消費量占歐盟總消費量的37%，其次是建築業的26%，及包裝產業的16%。

一九九一年時，鋁的總消費量只有1870萬噸，美國和歐洲的消費量分占總數的30%及22%。當時中國的消費量僅占總消費量的5%。一九九二年至一九九九年間，鋁消費量的平均年增率僅約2.9%，而二〇〇〇年至〇七年間，年成長率加速到6.2%。

這段時間鋁消費量成長加速的主要驅動力量來自中國──城

市化、基礎建設開發、製造業成長及國內有車階級增加等，讓中國的鋁消費量大增。二〇一一年時，中國的鋁表面消費量年增率達到11.2%的高度成長水準，而二〇一二年的初步資料也顯示，中國的年消費量進一步成長了11%（表面消費量包含被囤積起來——即尚未使用的量，而實際消費量則是真正用掉的量）。另外，印度、巴西和某些東南亞國家的消費成長率也很高。

　　二〇〇八年至〇九年間，全球消費量萎縮了7%，不過後來又恢復強勁成長。二〇一一年時，鋁消費量為4240萬噸（見表2.1），其中，中國約占總數的42%，美國占9.6%，歐盟則占16.7%。二〇〇八年至〇九年間，歐洲的消費量萎縮近三分之

表2.1　主要鋁消費國

	一九九一年		二〇〇〇年		二〇一一年	
	千噸	總數的%	千噸	總數的%	千噸	總數的%
中國	938	5.0	3,499	14.0	17,629	41.6
美國	4,137	22.1	6,161	24.6	4,060	9.6
德國	1361	7.3	1,491	5.9	2,103	5.0
日本	2,432	13.0	2,225	8.9	1,946	4.6
印度	430	2.3	602	2.4	1,584	3.7
南韓	384	2.0	823	3.3	1,233	2.9
巴西	354	1.9	514	2.1	1,077	2.5
義大利	670	3.6	780	3.1	971	2.3
俄羅斯	–	0.0	748	3.0	685	1.6
法國	728	3.9	782	3.1	584	1.4
其他	7,310	39.0	7,434	29.7	10,526	24.8
合計	18,743		25,059		42,398	

資料來源：世界金屬統計局（World Bureau of Metal Statistics）

一，只剩德國、義大利和法國還名列世界主要鋁消費國。不過，
在德國成功的製造業帶領下，歐洲後來的消費量已漸漸回升。美
國二〇〇八年至〇九年間的消費也大幅減少，而且二〇一一年的
消費再次下降，主要原因是那一年美國汽車產業因全球汽車供應
鏈中斷而受重創。不過，隨著汽車生產漸漸恢復，美國二〇一二
年的鋁消費量也見回升。然而，據估計，目前的消費量依舊比二
〇〇七年低17.1%。

貿易

　　前蘇聯國家的需求在一九九〇年後瓦解，迄今仍比一九八〇
年代更低，這讓他們有餘裕可供出口。從一九九二年以來，俄羅
斯就成為世界上最大的原鋁出口國，二〇一一年占總原鋁出口的
26%。加拿大的出口排名第二，市占率約11%，而中國排名第
三，但遠遠落後前兩名，市占率僅約3.5%（見表2.2）。

表2.2　二〇一一年主要原鋁出口國和進口國

	出口			進口	
	千噸	總數的%		千噸	總數的%
俄羅斯	5,582.7	26.1	美國	2,695.7	13.0
加拿大	2,486.1	11.6	日本	2,692.7	13.0
荷蘭	1,895.2	8.9	德國	2,554.9	12.3
澳洲	1,680.3	7.9	荷蘭	2,070.6	10.0
挪威	1,428.9	6.7	南韓	1,317.6	6.4
中國	766.1	3.6	義大利	1,046.7	5.0

資料來源：世界金屬統計局

　　鋁貿易量占世界鋁總消費量的比重在二〇〇四年達到66%的高峰後，便一路降低，這多半是因為中國已能夠自給自足所致。二〇一一年時，各地鋁出口量約占總消費量的50%。原鋁進口通常是免關稅，但半成品及成品的貿易規定就比較嚴格。不過，歐盟是其中的例外，它對原鋁課徵6%的進口稅。

產量及庫存
精煉產量及冶煉產能

　　除了中國，近年來擴充最多鋁冶煉產能的是擁有豐富能源的地區或國家，如加拿大、澳洲、俄羅斯、南非和中東，因為它們的電力成本較低。然而，產能擴張最多的還是中國，但它主要是利用燃煤所產生的電力來擴充產能。

　　中國的鋁產量占二〇一一年全球產量的41%，而它本身在二〇一〇年及二〇一一年的產出年增率分別是26%及11%。另外，二〇一二年的平均產出年增率也達到10%。國有鋁業公司──中國鋁業公司（Chalco）──控制了多數的產量，不過，中國境內還有很多屬於地方政府及民間利益團體所有的小型冶煉廠。近幾年來，政府尋求縮減鋁部門的擴張，因為目前中國已成為鋁的淨出口國，而且鋁的生產作業會耗用大量能源；估計這個部門使用的電力約占中國總耗用電力的6%。目前中國政府已提高出口關稅，並降低加值稅退稅，再加上電力及勞動成本上漲，中國鋁的價格競爭力已經降低（而且已經衝擊到企業的獲利能力）。儘管政府積極推動產業整併，但產量大致上還是隨著價格趨勢波動，當價格走高，大量小型邊際生產者（marginal producer）就會提

高產量。中國前二十大冶煉廠的產能約占該國總產能的70%，同時約占全世界總產出的30%。

　　直到二○○○年以前，美國都是世界上最大的原鋁生產國，主要是因為美國有低成本的水力發電和燃煤電力（見表2.3）。不過二○○○年後，由於可用電力及電力成本上升，加上氧化鋁供給出現問題等，導致冶煉廠陸續關閉。到二○一一年時，美國的產出占全球產出量已不到5%，同時也成為世界最大的原鋁進口國。

　　歐洲消費量目前已遠超過生產量──因為鋁鑄造和半鑄造加工屬於勞力密集的生產作業，所以相關活動已大規模轉移到低工

表2.3　主要產鋁國

	一九九一年		二○○○年		二○一一年	
	千噸	總數的%	千噸	總數的%	千噸	總數的%
中國	962	4.9	2,794	11.4	18,062	40.5
俄羅斯	–	0.0	3,247	13.3	3,992	9.0
加拿大	1,822	9.3	2,374	9.7	2,983	6.7
美國	4,121	21.0	3,668	15.0	1,984	4.5
澳洲	1,229	6.3	1,762	7.2	1,945	4.4
阿拉伯聯合大公國	239	1.2	536	2.2	1,765	4.0
印度	504	2.6	649	2.7	1,660	3.7
巴西	1,140	5.8	1,271	5.2	1,440	3.2
挪威	858	4.4	1,026	4.2	1,202	2.7
南非	169	0.9	683	2.8	808	1.8
其他	8,610	43.8	6,409	26.2	8,727	19.6
合計	19,653		24,418		44,568	

資料來源：世界金屬統計局

資國家，這導致歐洲愈來愈依賴進口。挪威和冰島在二〇〇〇年代大幅擴充原鋁的產量，滿足了歐盟的大量進口需求。歐盟也向原本的非洲殖民地國家進口鋁，而且是採用免進口關稅的協定，另外，俄羅斯向來也會出口鋁到附近的歐盟會員國，這些供應來源全都有助填補歐盟的需求。從二〇〇五年以來，由於能源及原料價格維持高檔，西歐國家原鋁冶煉廠的生存能力再次受到質疑，當然，降低碳排放的法規趨於嚴謹及負面的經濟情勢，更讓它們的處境變得雪上加霜。

有一個地區的鋁生產產能明顯擴張，那就是中東，尤其是海灣合作理事會（Gulf Co-operation Council，簡稱GCC）的會員國，從在建工程便可看出它們未來占世界總產出的比重將會上升。阿拉伯聯合大公國二〇一一年的產量增加了31.4%，接近180萬噸；卡達的產量也在二〇一一年達到40萬8千噸，比二〇一〇年的14萬5700噸大幅增加；另外，沙烏地阿拉伯目前正在開發一個鋁礬土礦和一座冶煉作業廠（每年總產能為74萬噸），預期將在二〇一三年至一四年開始投產。一般來說，海灣合作理事會的電力成本都獲得非常高的補貼，這也讓鋁生產業務的獲利能力大幅提昇。

擁有大量鋁礬土礦藏及本國煤礦的印度也正試圖提高鋁的產量。然而，鋁礬土礦開發會衍生環保及官民對立的問題，而且，印度目前在國內煤生產及電力供應上也有一些困難有待解決。

次級產量（Secondary production）

次級鋁業包括回收特定等級的廢鋁（如鋁罐）加以重熔，以

便生產鋁軋製及壓製產品，還有將廢鋁冶煉為鑄造用鋁錠的冶煉廠。有些大型鋁企業會參與重熔業務，不過，多數企業把這項業務留給次級鋁產業（這個產業主要都是小型的獨立作業型企業）去做。

　　鋁鑄造的需求快速成長，不過次級冶煉廠的獲利能力卻取決於廢鋁的可取得量和價格。二〇一一年時，次級產量幾乎達到鋁總產量的20%。美國是最主要的次級鋁生產國，占二〇一一年總產量的35%；西歐國家約占30%，中國占13.6%。次級鋁冶煉需要耗用的能源只有初級冶煉作業的5%左右，所以，有些國家可能會為了降低碳排放量與節能等考量而鼓勵業界從事次級冶煉業務。

庫存與相關議題

　　儘管鋁是一種策略性金屬，但各國政府的庫存並不多，所以對市場多半並無影響力。在過去，最積極的政府採購者當屬南韓的供應局（Supply Administration），這個機關是國內小型消費者取得原料的管道。中國的中央及省政府也會定期採購鋁錠來供應國內生產商所需，不過，如果價格具吸引力，它們也會把鋁錠重新賣回到市場上。

　　二〇一一年至一二年間，商用鋁庫存量非常高，部分是由於低利率環境使得囤積鋁的成本降低，但也部分是由於需求成長清淡所致。然而，這項金屬主要是銀行及貿易商持有，且多半都受到倉儲條件的束縛。由於利率非常低，加上一些財務誘因和現貨鋁交易價遠低於較遠期期貨價等因素，持有者才願意接受這些條

件。如果利率開始上升，這些庫存遲早可能被釋出。另一個額外的問題是，如果你真正要領出存在倉庫的鋁，時間上通常會嚴重延遲。二〇一二年時，倫敦金屬交易所（London Metal Exchange，簡稱LME）提高它旗下最大型倉庫的最低運量（從原本的每天1500噸變成每天3000噸），同時調漲使用者儲存鋁的租用成本。然而，據報導，它釋出庫存的速度還是嚴重延宕，換言之，如果你想領出原本存放在荷蘭港口弗利辛恩（Vlissingen）、馬來西亞柔佛港（Johor）或美國底特律港的鋁金屬，有可能得花好幾個月的時間。

主要的企業參與者

　　大型鋁業公司多半都是大型聯合企業，它們的業務範圍涵蓋鋁礬土到半成品等多數營運階段。二〇〇〇年代中期，世界主要鋁生產公司大規模整併，尤其是俄羅斯和中國的業者。整併的結果變成四大公司——中國鋁業（中國）、力拓（Rio Tinto，英國／澳洲）、俄羅斯鋁業（UC Rusal，俄羅斯）及美國鋁業（Alcoa，美國）——控制了大約全球三分之一的鋁產量（見表2.4）。

　　儘管俄羅斯和中國開始出現西式的大型聯合企業，但中國較小型獨立生產商的產能卻還是增加，這導致大型企業的占比降低。目前世界前十二大生產者僅控制全球56%的產能。

鋁的市場

　　儘管很多鋁金屬是在大型聯合企業的體系內移轉，但原鋁的

表2.4 二〇一一年主要鋁生產企業

公司	國家	產出,千噸
俄羅斯鋁業	俄羅斯	4,127
力拓集團	英國／澳洲	3,829
美國鋁業	美國	3,669
中國鋁業（中鋁）	中國	3,127
挪威海德魯公司（Norsk Hydro）	挪威	1,705
杜拜鋁業（Dubai Aluminium）	阿拉伯聯合大公國	1,386
中國電力投資集團	中國	1,381
必和必拓（BHP Billiton）	澳洲	1,249
山東信發鋁電集團	中國	1,016
巴林鋁業（Aluminium Bahrain）	巴林	881

資料來源：彭博社（資料由英國CRU集團彙編）

交易還是非常普遍。LME的存在讓市場定價非常透明，該交易所從一九七八年就開始交易原鋁。儘管目前生產者和消費者之間還是會以一個固定的價格（各個期間的固定價格不同）直接買賣鋁金屬，但現在這些定價幾乎完全受LME報價牽動，尤其是三個月期貨的報價。

　　LME的報價是以它存放在世界各地倉庫的鋁錠的形式報價，未計入進口關稅。如果消費者想取得特定數量的已繳關稅金屬，通常必須支付比LME價格更高的額外費用（溢價）。另外，99.7%純鋁錠以外的其他形式鋁錠和合金，也要收取額外費用。從一九九〇年年代末期以來，半加工型鋁產品的定價基礎也穩定朝以LME原鋁價加上特定轉換費用為基準的方向前進。這種定價模式已取代半加工型產品的特殊議價模式。

　　目前鋁在世界各地很多交易所都有交易，主要包括上海期貨交易所和紐約商品交易所（New York Commodity Exchange，簡稱〔COMEX〕），另外，新加坡、鹿特丹、日本和馬來西亞等地的交易所也可從事鋁的交易。

價格趨勢

　　鋁價從二〇〇四年的每噸年度平均1898美元飆漲到二〇〇八年七月初每噸3200美元以上的高峰。然而，全球金融危機爆發後，鋁價開始重挫，最低曾在二〇〇九年第一季達到每噸1253美元的低價。以這個價格水準而言，鋁生產者已經開始虧損，於是，生產者減少產出，加上消費漸漸回升，二〇〇九年剩餘時間和二〇一〇年至一一年間，鋁價都穩定上漲。不過，歐元區金融動盪、全球經濟成長不穩定、以及汽車生產活動疲弱等，導致鋁價在二〇一一年下半年再次回挫。由於日本在二〇一一年三月發生大地震，同年稍晚泰國又爆發大洪水，這兩起事件對汽車的全球供應鏈造成負面衝擊，因此也使得二〇一一年的汽車生產活動特別疲弱。

　　二〇一二年年初，價格又開始回升，不過，二月達到高峰後再度下滑，五月時，價格又跌到每噸2000美元以下。到了九月，由於原物料價格普遍上漲，所以鋁價又回升到這個關鍵水準之上，但十月又跌回每噸2000美元以下。在二〇一二年剩餘的時間裡，鋁價都在每噸2000美元上下遊走，所以，二〇一二年的年度平均價格下跌了15.8%（見圖2.2）。鋁價走下坡的主要導因是整體需求疲弱，加上中國又在這種關鍵時刻增產。

未來展望

■ 隨著中國及印度等國的有車階級穩定增加，鋁的需求將獲得支撐。除了建築、消費品和包裝等用途，由於這項金屬較輕，所以來自較輕且較節能的飛機及汽車生產活動的需求仍非常可觀。另外，對最終使用者來說，由於它非常容易回收，所以是比較環保的選擇。

■ 鋁的生產活動耗用大量能源，這個特質顯示，未來鋁的產量將愈來愈集中在擁有豐富能源的國家。另外，生產活動也可能轉移到世界上較低工資的地區。這兩個傾向顯示，歐盟的產量正出現結構性下滑。

圖2.2　鋁庫存及價格

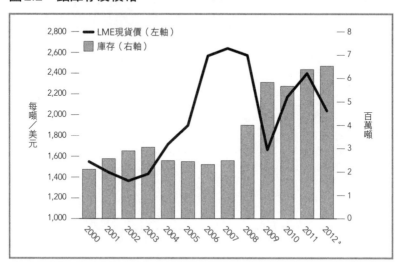

a 經濟學人智庫估計

資料來源：倫敦金屬交易所、世界金屬統計局、國際鋁協會

- 中國政府政策漸漸轉向不鼓勵諸如冶煉等高耗能生產活動，故中國國內半成品產業將愈來愈依賴外來金屬。中國宣稱計畫終止80萬噸的鋁產能，並計畫將二〇一五年以後的原鋁年度消費量控制在2400萬噸以內。不過，這些都是漸進式的目標，因為根據近幾年的歷史，只要價格上漲，中國就會再啟動一些新的專案。

- 高能源成本和環保議題導致中國等地的產出成長受限。這些限制和投入原料的高成本（包括能源和鋁礬土）意味未來回收鋁的使用將增加，全新金屬的冶煉將減少。

- 有限的鋁礬土供給有可能導致鋁金屬的供給受限，因為進口國向來只依賴少數幾個大出口國供應這項金屬。二〇一二年時，印尼（約占中國二〇一一年鋁礬土進口量的80%）實施20%的鋁礬土出口稅，導致該國的出口大幅降低。

銅

人類最早發現其特殊屬性且廣泛使用的基本金屬應該非銅莫屬。銅的用途非常廣泛，而且延展性及可塑性都極好；它非常適合作為合金的成分，而且耐腐蝕、堅硬、耐久且能回收；另外，它也是絕佳的電與熱傳導體。

採集、加工及礦藏

銅自然存在於地殼，可用露天（絕大多數的銅礦）及地下兩種方式開採。大約80%的礦區產量是以銅精礦的形式（製成銅精礦前的硫化銅礦石通常含有大約30%的銅）產出，但銅精礦還需要經過冶煉和精煉的製程，才能產出銅金屬。二〇一一年時，世界銅冶煉廠產量達到1580萬噸。溶劑萃取—電積（SX-EW）法是以滲濾（leaching，亦稱溶出）方式取代冶煉，利用這個方法就能直接在礦區生產精煉銅，無須進一步的加工流程。這種方法通常用在氧化物裡發現的銅，近幾年的使用愈來愈普遍，當然，一部分是由於它的成本較低。二〇一一年時，溶劑萃取—電積法的精煉銅產量約占總數的17%，不過這個方法不能適用於所有型態的礦石，且其銅還原率較低。

　　次級銅冶煉廠的原料是廢銅，根據國際銅研究組織（International Copper Study Group，簡稱ICSG）估計，這些冶煉廠的產量約占二〇一一年精煉銅總產量的18%，比二〇〇六年至〇九年間的15%還高。中國是世界上最大的次級銅生產國，這部分的產量約占二〇一一年總次級產出330萬噸的57%，而它的多數廢銅仰賴進口。國際銅研究組織的數據顯示，次級銅冶煉廠二〇一一年的產出成長了7.2%，比初級銅冶煉廠的2.9%成長率更高。

　　一九九〇年時，已知的銅礦藏量大約只有3.4億噸，但根據二〇一〇年的最新估計，礦藏量已增加到6.3億噸（見圖2.3）。

圖2.3　銅礦藏，二〇一〇年

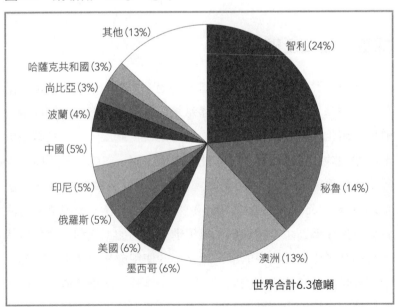

其他（13%）
哈薩克共和國（3%）
尚比亞（3%）
波蘭（4%）
中國（5%）
印尼（5%）
俄羅斯（5%）
美國（6%）
墨西哥（6%）
智利（24%）
秘魯（14%）
澳洲（13%）
世界合計6.3億噸

資料來源：美國地質調查局

不過，目前的全球礦藏量仍舊只是一個估計值，其值會隨著科技的進步及經濟狀況的逐漸改善而增加，但也會隨著開採活動而降低。美國掌握了世界上多數的銅礦藏量，不過，近幾年的高銅價促使世界上其他國家也開始尋找銅礦床，同時針對這些礦床進行地質調查。

產品與用途

銅的最大最終使用者是建築業，主要是用在建築用電線和管路，根據ICSG的統計，這些用途大約占二〇〇九年全球總消費量的33%。然而，建築業消費量的占比正逐漸下降，二〇〇〇年代以來的高銅價是促使一般人加速以塑膠管路取代銅管路的因素之一。另外，和銅擁有類似特性的鋁也可以在某些應用上取代銅。除了建築產業以外，與建築高度相關的基礎建設業是銅的另一個主要消費者，尤其是電力電纜業，約占二〇〇九年銅消費量的15%（見表2.5）。

銅在電力和一般工程設計、鑄幣和運輸領域也有很多重要的應用。另外，銅線廣泛被用於電子設備的製造，銅板和銅帶亦然。銅和銅合金目前依舊是連接器生產的要角，不過，在電信領域，由於新科技要求高速數據傳輸功能，所以銅面臨了光纖的競爭。此外，無線通訊的快速進展，也讓有形連接器（需要用到銅）的必要性漸漸消失。

以汽車產業來說，鋁製散熱器已大致取代了銅製產品，不過，銅在這方面的使用也開始恢復，部分是由於汽車產業導入了重量較輕的合金散熱器，不過，主要原因還是在於現在汽車的電

表2.5　二〇〇九年，銅的最終用途

	百萬噸	總數的%
建築與建設	**7,264**	**32.9**
電力	5,273	23.9
管路	1,336	6.0
結構	327	1.5
室內設備	193	0.9
通訊	5,273	23.9
基礎建設	**3,266**	**14.8**
電力公用事業	2,541	11.5
電信	725	3.3
設備製造	**11,569**	**52.4**
工業	2,742	12.4
汽車	1,590	7.2
其他運輸	967	4.4
消費品與一般產品	1,814	8.2
冷卻	1,330	6.0
電子	768	3.5
合計	**22,099**	

資料來源：國際銅研究組織

子零件使用量增加。

　　銅也因環保法規和可再生能源系統的推廣而受惠。每兆瓦（megawatt）風力發電機組有效產能所需要的銅，大約是煤或瓦斯發電站需要量的十倍左右。

消費與貿易
用途及趨勢

　　建築及建設業的銅耗用量占歐洲和美國消費量的大宗。而在亞洲，電力和電子製造業所占比重較高，不過，隨著亞洲各國經濟逐漸發展，基礎建設和建築活動耗用的銅也增加了。

　　過去十年間，亞洲一直是決定銅需求情勢的主要關鍵。二〇〇〇年至二〇一〇年間，中國的銅年度平均消費成長率為16%。城市化及鄉村電力建設（發電產能所消耗的銅占中國銅消費量的一半）是促使中國銅需求暴增的主因。由於經濟繁榮度提升，空調產品及冰箱、家電用品及其他高耗銅耐久性消費財——包括汽車——的需求也持續上升。另外，出口成長的貢獻也不遑多讓：中國是上述產品的主要生產國和出口國。另外，儘管印度的經濟擴張力道不像中國那麼強勁，但二〇〇〇年至二〇一〇年間，印度的銅年度平均消費成長率也達7%的亮麗水準，相較之下，歐盟和美國的平均年度消費量則是萎縮的，同一期間的年度變動率分別是衰退1%和4%。

　　二〇一一年中國的銅消費量約占全球總消費量的40%，遙遙領先第二大消費國——美國，美國的消費量僅占總消費量的9%（見表2.6）

貿易

　　到目前為止，智利依舊是各類銅的主要出口國，大約占精煉銅總出口量的36%、銅精礦（concentrate）的32%以及粗銅

表2.6　主要銅消費國

	一九九一年		二〇〇〇年		二〇一一年	
	千噸	總數的%	千噸	總數的%	千噸	總數的%
中國	590	5.5	1,928	12.7	7,915	40.4
歐盟	3,081	28.8	4,371	28.8	3,325	17.0
美國	2,058	19.2	2,979	19.6	1,745	8.9
日本	1,613	15.1	1,351	8.9	1,003	5.1
南韓	343	3.2	862	5.7	784	4.0
拉丁美洲	445	4.2	628	4.1	620	3.2
台灣	399	3.7	628	4.1	457	2.3
印度	96	0.9	240	1.6	402	2.1
其他	2,070	19.4	2,204	14.5	3,360	17.1
合計	**10,695**		**15,192**		**19,611**	

資料來源：世界金屬統計局

（blister）的55%。不過，近幾年來，由於非洲的礦區供給量增加，所以，非洲的出口也大幅上升，二〇一一年時，尚比亞成為僅次於智利的第二大精煉銅出口國，占世界總出口量的8%。（見表2.7）

　　進口的型態就比較分散一點，不過，銅精礦進口貿易主要還是受亞洲各國支配，尤其是中國（二〇一一年占32.1%）和日本（23.1%），其中，中國在二〇〇九年取代日本，成為世界上最大的進口市場。中國國內的精煉銅產量快速增加，但也大量進口精煉銅。然而，精煉銅的進口數量受價格的影響愈來愈大，因為中國買家會在高價時減少庫存的囤積，但在價格下跌時增加庫存。近幾年來，這種行為模式更因國家採購策略性儲備而明顯被強化。

表2.7　二〇一一年主要出口國及進口國

	出口			進口	
	千噸	總數的%		千噸	總數的%
智利	2,981	35.7	中國	2,836	36.6
尚比亞	640	7.7	德國	735	9.5
日本	437	5.2	美國	649	8.4
秘魯	345	4.1	義大利	615	7.9
波蘭	328	3.9	台灣	461	6.0
俄羅斯	325	3.9	南韓	347	4.5

資料來源：世界金屬統計局

產量及庫存
礦區產量

　　銅的開採活動因二〇〇二年至〇八年的多頭市場而恢復生氣，不過，相關企業還是偏好藉由購併的模式來實現成長的目標。所以，過去十年間，各地並沒有發現太多重大的礦源，全新的採礦專案也不多。二〇〇八年下半年起的信用危機和銅價崩盤讓這個問題變得更嚴重。

　　從一九八二年以來，智利就取代美國，成為世界上最大的銅礦生產國，從那時迄今，它的這個地位未曾動搖過。二〇一一年，智利生產530萬噸的銅，約占總產量的32%（見表2.8）。國有的智利國家銅業公司（Codelco）是最大生產商，不過，該國最大的埃斯康迪亞（Escondida）礦區卻是民營企業所有（澳洲的必和必拓及英國／澳洲的力拓等公司持有）。智利的產銅帶一直向北延伸到秘魯、墨西哥和美國，而這四個國家支配著全球的產

表2.8　銅礦產量

	一九九六年		二〇〇三年		二〇一一年	
	千噸	總數的%	千噸	總數的%	千噸	總數的%
智利	3,115	30.7	4,904	34.1	5,263	32.4
中國	440	4.3	604	4.2	1,267	7.8
秘魯	485	4.8	843	5.9	1,235	7.6
美國	1,920	18.9	1,124	7.8	1,138	7.0
澳洲	550	5.4	830	5.8	957	5.9
尚比亞	340	3.3	347	2.4	784	4.8
俄羅斯	520	5.1	665.1	4.6	725	4.5
加拿大	690	6.8	557	3.9	566	3.5
印尼	525	5.2	1,003	7.0	526	3.2
墨西哥	340	3.3	356	2.5	440	2.7
波蘭	475	4.7	503	3.5	427	2.6
其他	750	7.4	2,629	18.3	2,913	17.9
合計	10,150		14,365		16,242	

資料來源：世界金屬統計局

量，大約占二〇一一年總產量的50%。

　　一九六〇年代及一九七〇年代時，中非產銅帶——涵蓋尚比亞和剛果民主共和國（Democratic Republic of Congo）——是世界上最主要的銅產區之一，在全盛時期，該地區產量大約占世界總產出的15%至20%。而由於過去十年間，銅價普遍維持高檔，這個地區又開始吸引投資者進駐，尤其是來自中國的投資，因此目前該地區的產量正逐漸回升。根據世界金屬統計局的數據，剛果共和國的產出已從二〇〇二年的2萬6000噸暴增到二〇一一年的44萬噸，而同一期間尚比亞的產量也從30萬8000噸增加到78萬4000噸。

中國是另一個銅生產大國，二〇一一年的產量為126萬7000噸，但目前它的產量還是無法滿足自身需求，所以，中國也是世界上最大的銅及精煉銅進口國。

採礦的限制

銅礦開採業面臨了多重限制，其中某些限制雖也會影響到其他礦產的採礦業者，但有些只會衝擊到銅產業本身。其中，特別值得一提的是銅礦砂等級降低的問題，尤其是智利和美國境內較成熟的銅礦區。另外，拉丁美洲和印尼的產出常因罷工而減少，而環保或地方社區疑慮等問題，也導致這些地區的多項專案遭到延宕，這一切的一切都使得產出降低。另外，高能源成本也讓採礦業務的獲利能力降低，因為這些作業通常需要使用大量能源。再者，作業環境的不確定性也是個重大限制，如較具民族主義傾向的政府可能會不定時修改稅賦和監理機制，進而形成業者經營環境上的不確定性。

儘管存在上述種種限制──這些問題對產出造成的限制是促使近幾年來銅價維持強勢的重要因素──還是有額外的新增供給即將上線。到二〇一四年，尚比亞的各項新專案預估將讓它每年增加31萬5000噸的產出；而剛果民主共和國在慕塔達（Mutanda，屬於嘉能可公司〔Glencore〕）和科夫（KOV，屬於卡坦加礦業〔Katanga Mining〕）的增產計畫，應該會讓年產量增加約15萬噸。另外，在波紮納（Botswana），發現金屬公司（Discovery Metals）確認它將開始開採年產量3萬6000噸的波斯托礦區（Boseto）。二〇一二年及二〇一三年啟用的其他重要礦區包括蒙

古的奧尤陶高伊（Oyu Tolgoi）、沙烏地阿拉伯的賈巴爾賽伊德
（Jabal Sayid）和巴西的薩洛波（Salobo）。

精煉業務：國家與企業

　　世界前四大精煉銅生產國的產量共占二〇一一年世界精煉銅
總產出的54%：中國約占26.4%，智利13.7%，日本為6.7%，而
美國約5.3%。這四個生產國加上歐盟的產量，約占全球總產量的
三分之二（見表2.9）。觀察中國最近新增及預定增加的產能便可
發現，未來幾年中國精煉銅產量的全球占比將會進一步上升。根
據官方數字，中國二〇一一年的產出（包括初級和次級）增加
14.5%，另外二〇一二年的粗估值又增加了8%。

　　二〇一一年時，前八大銅生產商約占世界總產出的40%。智
利的智利國家銅業公司是世界上最大的精煉銅生產商，其次是美

表2.9 精煉銅的主要生產國

	一九九一年		二〇〇〇年		二〇一一年	
	千噸	總數的%	千噸	總數的%	千噸	總數的%
中國	560	5.2	1,371	9.3	5,197	26.4
智利	1,228	11.5	2,668	18.0	3,092	15.7
歐盟	1,432	13.4	2,333	15.8	2,708	13.7
日本	1,076	10.1	1,437	9.7	1,328	6.7
美國	1,995	18.7	1,790	12.1	1,031	5.2
俄羅斯	–	–	824	5.6	910	4.6
其他	4,396	41.1	4,381	29.6	5,432	27.6
合計	10,688		14,805		19,698	

資料來源：世界金屬統計局、國際銅研究組織、經濟學人智庫

國的自由港－麥莫倫銅金礦公司（Freeport-McMoRan Copper & Gold）、必和必拓（澳洲）和瑞士的斯特拉塔公司（Xstrata）。然而，世界前十大精煉廠中，有四家位於中國（見表2.10）

庫存與相關議題

　　庫存報告顯示，自一九九二年至二○○二年間，銅庫存平均

表2.10　主要的銅精煉廠

精煉廠	國家	所有權人	產能，千噸
貴溪	中國	江西銅業公司	900
朱奇加瑪塔精煉廠	智利	智利國家銅業公司	600
波拉	印度	印度波拉集團的印度國家鋁業公司（Birla Group Hindalco）	500
金川	中國	金川有色金屬公司	500
雲南銅業	中國	雲南銅業集團	500
智利國家銅業公司精煉廠（溶劑萃取—電積）	智利	智利國家銅業公司	470
東洋／新居濱（別子〔Besshi〕）	日本	住友金屬礦業公司（Japan Sumitomo Metal Mining Co）	450
阿馬里洛（Amarillo）	美國	墨西哥集團（Grupo Mexico）	450
艾爾帕索（El Paso，精煉廠）	美國	自由港—麥莫倫銅金礦公司	415
金隆銅業（銅陵，精煉廠）	中國	銅陵有色金屬集團 銳線國際（Sharpline International） 住友，伊藤忠（Itochu）	400
拉斯本塔納斯（Las Ventanas）	智利	智利國家銅業	400

資料來源：彭博社（資料由英國CRU集團彙編）

一直維持在約當4.7週的消費量左右，這是相當健康的水準。不過，隨著中國的需求在二〇〇〇年代逐漸增加，庫存漸漸下降，到二〇〇四年至〇五年間，庫存僅剩約當1.5週的消費量。後來，全球經濟趨緩導致消費降低，二〇〇九年的庫存又回升到約當3週的庫存量，只是這依舊屬於歷史低檔。

二〇一〇年至一一年間，銅市場接近淨平衡（net balance）的狀態。然而，至二〇一一年年底為止的庫存報告（不包括在途、策略性儲備或中國保稅倉庫裡的銅）顯示，庫存僅約2.7週的消費量。

只是，光看庫存報告並無法得知完整的真相，因為這些報告所指的庫存，並不包括各國的策略性儲備。以中國國家銅儲備來說，外界最多也只能估計出一個粗略的數量。此外，企業消費者也多少會建立一些庫存，而這些庫存都未納入這份正式報告中。

銅的市場

銅是交易最活絡的基本金屬，倫敦金屬交易所和紐約商業期貨交易所的原物料商品交易事業部（Commodity Exchange Division of the New York Mercantile Exchange，簡稱COMEX/NYMEX），是最具支配力量的價格設定者，後者被視為北美市場的標竿。上海期貨交易所是位於中國的主要交易所。銅的價格是透過買進／賣出開價（bid and offer）流程決定。這些交易所也有期貨和選擇權合約產品，而且都有提供倉儲設施，因此，實際上有收、交銅現貨需要的市場參與者只要配合各個交易所的條件，就能收、交銅的現貨。

　　業界的合約普遍採用LME和COMEX的月平均價，而精煉銅則會視品質和所在位置，再加上適當的溢價。銅精礦也是根據LME或COMEX的價格來買賣，不過會扣除冶煉和精煉的費用。粗銅的銷售方式也和銅精礦一樣，不過沒有扣除冶煉的費用。

　　有史以來第一檔以現貨銅部位擔保的指數股票型基金在二〇一〇年十二月上市。但二〇一一年一整年，市場對這項產品漸漸不再感興趣，儘管二〇一二年年初時，投資意願略見恢復，但後來投資人持有情況又再次下滑。雖然打從一開始，投資人對現貨銅ETF就不太感興趣，但業界還是持續規劃其他類似的產品，其中一個是在美國，另一個在南韓。然而，由於LME的庫存非常低，反對這類持有現貨銅金屬部位的ETF的聲浪也逐漸升高；反對意見主張，這些ETF可能藉由鎖定庫存的方式，讓現貨市場供給緊絀的情況惡化，而由於消費者可取得的銅減少，有心人就能趁機人為哄抬價格。然而，二〇一二年十二月時，美國證券交易委員會還是核准了摩根大通（JP Morgan）所管理的一檔銅ETF。

價格趨勢

　　近幾年來，銅價波動異常激烈。二〇〇六年五月時，由於產業庫存降低，加上投資基金大量購買銅，所以銅價一度達到每磅400美分。接著，銅價卻又大幅滑落，到二〇〇七年二月才見底，當時的價格已跌到每磅237美分。不過，二〇〇八年年初，銅價又回升到每磅400美分，同年7月更是漲到每磅407.6美分的歷史天價。不過，接下來五個月，銅價卻又崩跌了69%，到二〇〇八年年底，每磅價格已跌到127.6美分。後來，銅價極度激

烈波動的情況並未改善，二〇一〇年銅價再次因全球經濟逐漸由
衰退轉為復甦而上漲了48%。（見圖2.4）

　　二〇一一年前八個月間，銅價依舊維持強勢，不過，那一年
九月至十月，由於全體原物料商品型資產賣壓沉重，所以銅價也
大幅下跌。二〇一二年一整年，由於市場擔心歐元區主權債務危
機的爆發可能危及全球經濟成長，加上中國經濟面的不確定性上
升，銅價也顯得欲振乏力，總計二〇一二年一整年，平均價格下
跌接近10%。儘管銅價激烈波動，且銅和經濟循環（目前處於疲
弱狀態）的關係非常密切，但銅市依舊受到有利的供需基本面支
撐，因為目前為止，銅的供給量還是跟不上需求量，庫存也一直

圖2.4　銅庫存與價格

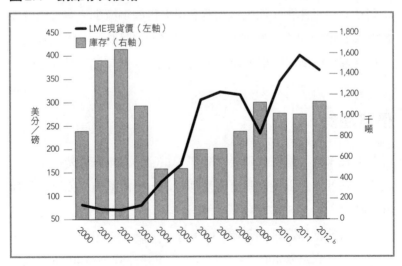

a 西方商業庫存報告總數量，期末
b 經濟學人智庫估計
資料來源：聯準會、倫敦金銀市場協會（London Bullion Market Association）

維持在偏低水準。

未來展望

■ 開發中國家在實現城市化和提高生活水準的過程中，銅是不可或缺的金屬，基於這一點，銅的長期需求最後將明顯反彈。舉個例子，中國國家電網公司計畫到二〇二〇年為止將產能擴充77%至17億千瓦，這項工程將需要耗用非常大量的精煉銅。然而，這當然也使銅極端容易受新興市場的循環性成長趨勢影響。

■ 一直以來，銅的礦區產量特別容易受到意料外生產中斷的衝擊。罷工、意外事故、技術困難、礦砂等級不佳、規劃上的限制、緊縮的信用情勢、政治風險和技術勞工、設備及其他供給品短缺等，都曾導致新的採礦專案無法順利及時開工或現有專案無法平順運作。

■ 電力和水力有可能會短缺，對主要的生產地區──尤其是智利、南非和中國──來說，這兩者是銅採集或採礦過程中的關鍵要素。

■ 投資領域對銅的需求量也攸關重大。以目前的情況來說，當美元弱勢，投資基金對原物料商品的興趣就會比較高。

■ 如果價格維持高檔且庫存維持低檔，就會產生銅需求約束（rationing）的問題，到時候，世人可能會在容許的範圍內，盡可能以其他金屬來取代銅，而且也會增加廢銅的使用。

黃金

　　黃金是世界上最稀有的金屬之一，也是人類最早認識的金屬之一。儘管黃金向來被大量用在裝飾品上，但它也有工業上的用途。黃金的特性包括極耐腐蝕、傳導性良好；另外，它的延展性及可塑性也相當好。儘管黃金的柔軟度讓它擁有良好的延展性，但這項特性也顯示，黃金有時必須和其他金屬（銀或銅）合鑄在一起，堅硬度才能提高。因為熔點非常低，所以黃金非常容易回收。黃金向來被視為一種保值物，根據世界黃金協會（World Gold Council，簡稱WGC）的統計，在已開採的黃金裡，只有2%隨著時光的消逝而流失。

採集、加工和礦藏

　　黃金可從開放式礦區開採，也能在地下礦坑開採，而且，黃金礦坑裡通常都含有其他金屬，尤其是鉛、鋅和銅。黃金的地理分布非常分散，世界上所有地區的產量都不超過總量的20%。河床（沙礫礦床）上及岩縫（脈狀礦床）裡都經常會發現黃金礦床。金礦砂開採出來後，必須經過漫長又耗時的流程，才能從一樣也存在於礦砂裡的碳、氧化物或硫化物中分離出黃金。加工的

最後階段是把黃金熔成金條狀，這種金條的純金含量約90%，而
這種金條必須進一步運到精煉廠去處理。

美國地質調查局估計，黃金礦藏量（還在地底下的）為5萬
1000噸。

產品與用途

典型而言，黃金的主要最終用途是製作珠寶。直到一九九九
年時，珠寶的黃金消費量為3200萬噸，大約占年度黃金消費量的
80%。到二〇一一年時，這項用途的占比降到48%，總消費噸數
降到2000萬噸以下（見表2.11）。黃金在珠寶用量上的降低，部
分是反映近幾年的高金價，當然也和二〇〇八年過後西方經濟表
現疲弱有關。基於儉樸或流行時尚的緣故，一般人漸漸偏好較便
宜的裝飾用珠寶，所以，黃金珠寶已不像以往那麼受青睞。

不過，黃金投資需求的強勁成長，遠遠超過了珠寶消費量降

表2.11　各類型黃金消費

	二〇〇二年		二〇一一年	
	噸	總數的%	噸	總數的%
珠寶	2,662	78.9	1,963	48.3
淨零散投資[a]	353	10.5	1,487	36.6
工業與牙醫	358	10.6	464	11.4
ETF	3	0.1	154	3.8
合計	3,376		4,067	

a　金條及金幣；不包含ETF或其他投資流入
資料來源：世界黃金協會

低所造成的缺口。投資需求包括金條、金幣和指數股票型基金所持有的黃金。黃金的很多特性——包括高流通性和高全球接受度或認同度（品質標準非常明確，可以輕易查對）、量少質精（所以很容易帶著走，同時讓儲藏成本降低）、以及幾乎牢不可破等——讓它成為一種吸引人的投資標的，尤其是非常吸引人的原物料商品投資。黃金也非常稀少（尤其和其他法定貨幣〔Fiat currency〕——即各國政府發行的紙幣——比起來）。不過，黃金也有負面特質，相較於一般的貨幣，黃金並沒有一個類似中央銀行的機構能監控它的價值並採取任何行動來支撐它的價格。另外，黃金投資也賺不到利息。

　　近幾年，黃金的額外需求來自各國中央銀行。幾十年來，各國央行原本一直扮演著黃金的淨賣方，但從二〇一〇年起，它們卻搖身一變，成為淨買方（黃金目前依舊是世界上第三大儲備資產，僅次於美元及歐元計價的資產）。這可能是反映出各國央行對美元及歐元未來展望的疑慮，尤其是歐元。它們基於這個疑慮而分散國家儲備資產的投資標的。

　　黃金也可用於工業用途（不過由於金價過高，所以只有在萬不得已、完全沒有適合替代物可用的情況下，業者才會使用黃金），電子業主要用它來製造半導體和印刷電路板。另外，傳導性良好的黃金也可作為電線用途，只是，在這個用途上，一般人通常會以鋁和銅取代黃金，因為這兩者的成本比黃金低很多。而由於黃金是生物相容性（biocompatibility）良好的材料，所以它過去被廣泛用在醫藥和牙醫業，不過，因塑膠和陶瓷等更便宜的替代物愈來愈容易取得，故牙醫業漸漸不再使用黃金。根據WGC的統計，工業及牙醫業的黃金使用量大約占二〇一一年全

球黃金總消費量的11.4%。不過,它那一年的用量其實已經減少
2.8%,而且二〇一二年的使用情況依舊疲弱。

消費與貿易

　　印度向來是黃金珠寶及一般黃金的最大消費國(見表2.12)。
在印度文化裡,黃金向來被視為最基本的保值物,所以在印度的
節日與／或印度結婚季節,金價經常會突然大幅上漲。然而,印
度的珠寶消費在二〇一一年大幅下滑13.7%,到二〇一二年上半
年都維持弱勢。儘管二〇一二年下半年,黃金消費出現回升的跡

表2.12　黃金珠寶消費

	二〇〇一年		二〇一一年	
	噸	總數的%	噸	總數的%
印度	615	20.4	567	28.7
中國	203	6.8	545	27.6
美國	389	12.9	115	5.8
俄羅斯	–	0.0	75	3.8
土耳其	92	3.1	64	3.2
阿拉伯大公國	95	3.2	58	2.9
沙烏地阿拉伯	163	5.4	56	2.8
印尼	98	3.3	30	1.5
義大利	92	3.0	29	1.5
日本	51	1.7	21	1.1
其他	1,211	40.2	415	21.0
合計	3,009		1,974	

資料來源:世界黃金協會

象，但全年的消費量卻是連續第二年下降。另一方面，儘管金價一直維持在相當高的水平，但中國二〇一一年的消費還是強勁成長，年增率達到 13.6%。二〇一二年年初，中國的需求依舊強勁，但接著便因整體經濟成長率的趨緩而漸漸轉弱，到最後，中國那一整年的黃金消費量還比前一年少。

二〇一一年下半年至二〇一二年間，國際金價偏高、印度經濟趨緩跡象逐漸浮現以及盧比（黃金是以美元計價）的弱勢，讓印度的需求縮減。相反的，中國的幾項因素卻讓黃金消費更勢不可擋，如負實質利率（這導致銀行存款失去吸引力）、政府尋求打壓房地產市場的政策（在這之前，房地產是中國儲蓄者的重要投資工具）、促進黃金買氣的新產品、國內黃金市場的解除管制，以及通膨憂慮等。

二〇一〇年至一一年間，由於世人對歐元區主權債務問題及美國財政災難等憂心不已，黃金消費量大致還是增加。由於希臘處於債務違約邊緣，美國的信用評等又遭到信評機關降低，加上量化寬鬆（quantitative easing，尤其是美國）政策侵蝕了貨幣的價值，導致投資人對原本所謂「安全資產」的信心明顯降低。事實上，二〇一一年時，土耳其就開始允許銀行以黃金來做為存款準備。然而，由於一般認定一旦大量資金逃向黃金，最後勢必會引發更大的動盪，所以，某些大型交易所——美國的 COMEX 和上海黃金及期貨交易所——遂提高黃金投資的最低保證金規定，希望能降低這個市場的熱度。所以，那一年的下半年，投資人對黃金的信心確實略微下降，不過，二〇一一年一整年，黃金的投資消費量（包括金條和金幣）還是成長了 24%，完全抵銷珠寶總需求量降低近 3% 的影響。

產量與庫存
礦區產量

礦區供給通常占年度黃金供給的近70%（二〇〇〇年至二〇一〇年的年度平均比率是68%），相較於其他原物料商品，黃金的礦區產量比率偏低。隨著金價在二〇〇〇年代下半期明顯上漲，投資金礦的意願大幅加溫，換言之，高金價讓比較沒有生產力的小型金礦開始變得吸引人。不過，在二〇〇八年年底至二〇〇九年信用危機爆發後，很多成立不久且名下礦區的邊際投資利潤較低的礦業公司很快就陷入困境，只不過，這段期間的金價表現還是比其他原物料資產好。

從那時開始，金礦開採業務就一直因許多限制而陷入苦戰狀態，其中很多限制是整個採礦產業都得應付的共同問題。最顯著的一項是勞工抗爭——礦工要求更高的薪資和更好的工作條件——導致印尼和秘魯近幾年的產出嚴重縮減。南非方面則是遭遇電力供給的問題，另外，當地礦砂的品質也在降低。至於中國，政府根據安全及環保監理法規而執行的取締行動，也阻礙了中國的黃金產出成長率。

二〇〇七年時，中國取代南非和澳洲，成為世界上最大的黃金開採國，而由於它二〇〇八年至一一年間的平均產量成長率達到7.5%（見表2.13），所以之後一直得以保有最大開採國的地位。另一方面，向來是世界最大黃金生產國的南非的金礦產業卻似乎因獲利能力降低（部分是由於電力、勞動成本上漲及礦區老化等造成）而陷入長期走下坡的趨勢。二〇一一年，澳洲的產出一度因氣候影響而下降，不過，二〇一二年又恢復成長，而由於

表2.13　黃金礦區供給，二〇一一年

	噸	總數的 %
中國	361	14.1
澳洲	258	10.1
美國	232	9.0
俄羅斯	189	7.4
南非	187	7.3
秘魯	164	6.4
加拿大	100	3.9
迦納	88	3.4
印尼	74	2.9
其他	913	35.6
合計	2,566	

資料來源：世界黃金協會

許多新礦已經開始可營運，所以，預期澳洲的中期產出將持續成長。

　　除了南非以外，漠南非洲國家（Sub-Saharan Africa）的金礦生產反而普遍增加，尤其是小型的礦區。布吉納法索（Burkina Faso）國內的新礦區，讓該國二〇一〇年總產量增加了95.5%，二〇一一年又成長了40.3%，另外，二〇一一年時，象牙海岸諸多新礦區的產出，也讓它的總產量增加了107.9%，只是它的基期很低，所以，二〇一一年的總產量其實只有11.1噸。馬利共和國二〇一一年的產量雖然降低，但二〇一二年又恢復強勁的成長，另外，坦尚尼亞部分礦區的擴充工程，也讓該國二〇一一年的產出創下10.3%的年增率。

來自回收的次級供給

　　回收黃金（即廢金）大約占二〇〇〇年至一〇年年度供給量
的28%，不過，二〇〇八年至一〇年間，這部分的貢獻卻暴增到
40%，主要是因為經濟不確定性引發一些賤價出售黃金的行為，
而且，高漲的金價進一步促使人們賣出手上的舊黃金（見圖
2.5）。只是，根據WGC的統計，二〇一一年的廢金供給又降低
了3.1%，這看起來似乎有點違背常理，因為金價不只很高，而且
還持續上漲。仔細推究，廢金供給減少似乎是因為很多潛在賣方

圖2.5　黃金供給，二〇一一年

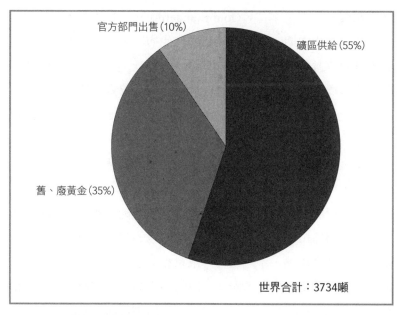

官方部門出售（10%）

礦區供給（55%）

舊、廢黃金（35%）

世界合計：3734噸

註：二〇一一年沒有淨生產者避險部位
資料來源：世界黃金協會

預期金價將繼續走高而抗拒賣出。另一個原因可能是能輕易取得
的廢金供給多半早已被開發殆盡，此外，儘管整體市場停滯，但
其實全球各地的趨勢大不相同，例如美國和南歐（可能屬於賤價
出售）的回收情況尤其熱烈，但較傳統的中東、印度及東亞市場
的回收活動則見降溫。

黃金的市場

　　儘管幾千年來，黃金實質上曾被用來做為貨幣或保值物，但
一直到十七世紀，黃金才正式開始在倫敦交易。然而，到十九世
紀時，它的重要性已不可同日而語，這時的黃金已成為全球固定
匯率制度──即金本位（Gold Standard）──的基準。另外，從
一九四〇年代中期一直到一九七〇年代初期，它也被用來作為所
謂布列敦森林協議（Bretton Woods，一九七〇年代初期後瓦解）
固定匯率機制的基礎。布列敦森林協議的瓦解當然傷害了黃金的
認知價值，不過，這也意味三百年來，黃金首度得以成為自由貿
易的標的。

　　黃金市場的規模和流通性幾乎比其他所有原物料商品市場都
來得大，而且流通性幾乎最高；以交易量來說，黃金市場規模不
亞於大型已開發國家的主權債券市場。以前絕大多數的黃金交易
都是透過櫃檯市場進行，不過，這種市場的資訊並不透明。倫敦
是最大的黃金市場，不過紐約、東京和蘇黎世的交易量也不小。
近幾年黃金的交易模式漸漸邁向原物料商品化，且轉向監理標準
較高的交易所（受二〇〇八年至〇九年間金融危機影響的結
果），所以，未來櫃檯市場的黃金交易量可能會減少。

　　最普遍受國際認同的金價標竿是倫敦金銀市場協會（London Bullion Market Association，簡稱LBMA）一天兩次的固定報價，這些價格是倫敦眾多黃金交易公司的代表人透過電話敲定的。然而，黃金在世界各地都有交易，包括杜拜、上海、越南、中國、印度和巴基斯坦等地的重要交易所，還有美國、歐洲和日本等較傳統的市場等。

　　史上第一檔主要的黃金指數股票型基金──標準普爾金融服務有限公司黃金股份基金（SPDR Goldshares）──是二〇〇四年在世界黃金協會的贊助下成立。它迄今仍是世界上最大的黃金ETF，也是二〇一二年年中美國境內的第六大ETF。ETF是投資人透過黃金現貨價格獲益的管道之一，在這種ETF出現前，投資人只能間接投資黃金，如購買黃金期貨或金礦股。ETF受到各個交易所監理，在亞洲、南非、北美及歐洲都很普遍。這些產品雖然擴展了黃金的投資者群，卻也招來一些批評，有人宣稱這些替代性投資產品問世後，投資人不直接投資金礦股也能參與黃金投資，結果讓金礦公司更難以取得融資來源。另外，也有些人批評，這些產品的存在會導致市場供給降低（因為某些ETF是以黃金現貨做擔保），所以一旦市場上的整體黃金需求增加時，這些產品就會形成助漲的效果（黃金的密度很高，而且容易運送及儲藏，所以非常適合作為現貨投資的標的）。然而，並非所有ETF都是以黃金現貨做擔保，有些ETF是以黃金期貨做擔保。

　　黃金期貨市場是世界上僅次於石油市場的最大原物料商品期貨市場。金礦業者向來利用黃金衍生性金融商品（期貨及選擇權）來規避金價大幅波動的風險。然而，近幾年的高金價，促使幾乎所有金礦業者都結清了它們的避險部位。不過，黃金期貨的

交易量依舊很大，尤其是在美國的COMEX和芝商所電子交易平台（CME Globex）、芝加哥交易局和東京原物料商品交易所；另外，印度、杜拜和上海期貨交易所也都有黃金期貨的交易。

　　二○一一年的避險活動量並不大，全年度避險淨額大約只有10噸。儘管數量不大，卻是淨避險部位十年來首度出現正值。然而，二○一二年時，淨避險部位又由正轉負。近幾年來，解除避險部位（dehedging）的情況蔚為風潮——原本透過期貨市場出售的黃金被買回——當生產商認為金價將上漲時，就會採取這樣的行動。

價格趨勢

　　一如所有原物料商品，教科書上的經濟理論和市場基本面（供需之間的平衡）都很難精準預測金價的趨勢，不過，黃金和各項經濟指標之間，向來維持許多不同的關係。其中，金價向來和美元負相關（見圖2.6）。這反映出黃金被用來規避通貨膨脹風險的特性，另外，當美元的不確定性升高時，黃金通常也會成為避險天堂。再者，當美元貶值，用其他貨幣來買黃金及其他以美元計價的原物料商品，相對就比較划算，所以美元貶值時，黃金的需求就會上升，金價則上漲。

　　而當其他投資性資產如股票（尤其是股票）或債券的表現不理想，金價通常也會有不錯的表現，部分原因在於黃金需求和經濟或工業循環並無直接的關聯性，而基本金屬及能源的需求則和經濟及工業循環直接相關。

　　另外，當利率走低，黃金的吸引力會上升，因為持有黃金只

圖2.6　金價

資料來源：聯準會、倫敦金銀市場協會

能獲得資本利得（沒有利息），所以當利率走高，黃金做為儲蓄工具的吸引力就會降低。

　　黃金也被視為規避通貨膨脹風險的工具，尤其是超級通貨膨脹（hyperinflation），因為在這種時期法定貨幣通常會大幅貶值，黃金卻能保值。黃金也沒有交易對手風險（counterparty risk，編按：指交易時對方不履行買賣合約責任的風險），在二〇〇八年至〇九年金融危機期間，這一點尤其重要，因為當時無論是實際或認知上的交易對手風險都非常高。地緣政治風險是促進黃金消費（這讓金價進一步上漲）的另一個要素。

　　從二〇〇一年起，黃金（採用LBMA下午固定價）每年的均價都上漲（二〇〇一年下跌2.9%）。二〇〇二年至一一年間，金

價平均每年上漲20%。然而，在這之前，金價其實下跌了很長一段時間，所以若以實質價格計算，金價還低於一九八〇年代初期的高峰價。黃金的谷底價出現在一九九九年八月，當時每金衡盎司為252美元。

二〇一一年上漲28%後，二〇一二年的金價漸漸失去上漲動力，不過，總結那一整年的金價還是上漲了6.2%，年度均價達到每金衡盎司1668美元。儘管黃金一直被視為經濟及政治不確定時期的避險天堂，但它最近的價格似乎都跟著工業用金屬的趨勢波動。然而，由於利率處於超低水準，加上各國政府持續挹注流動性——這些都屬於量化寬鬆計畫的一環——及投資需求維持強勁等，讓黃金依舊獲得支撐。因為量化寬鬆——及貨幣供給擴張——可能引發中期通貨膨脹的聯想。

未來展望

- 如果外界對歐元區信用的疑慮加深、美國經濟大幅滑落，或美國政府未能善加處理其財政赤字，金價將因而受惠。然而，開發中國家經濟成長速度明顯趨緩可能會對黃金需求乃至金價造成負面影響。

- 全球貨幣情勢的正常化（即非正統貨幣政策如量化寬鬆的退場）及最終的趨向緊縮，將讓黃金作為投資工具的吸引力下降。

- 作為實際生產用途有限但交易最活絡的原物料商品之一，黃金可能因主管單位防止投機操作的種種作為而受到不必要的傷害。這些作為可能包括提高期貨交易的準備金（保證金）

規定。

■ 金價再次重挫的風險迄今仍無法排除。如果經濟情勢惡化，投資人可能被迫出清他們手上握有的黃金部位來彌補其他投資損失，這將會導致金價下跌。相反的，如果全球復甦腳步比預期更快，投資人可能會認為黃金價格已達高峰，進而獲利回吐並轉向其他投資標的，這也會導致金價重挫。

■ 礦區供給有可能變得愈來愈不確定，尤其若金價下跌或金礦公司難以取得融資，情況將變得更嚴重。特別是就中期而言，隨著現有的供給來源逐漸折耗，礦砂愈來愈難開採，採礦成本更可能因高能源價格、勞動成本及資金投資成本的增加而持續上升，加重未來供給面的不確定性。

■ 中期而言，預估黃金還是能保有它的工業用途，目前黃金被用到很多新的科技用途，特別是作為控制碳排放方面的一種有效催化劑，還有使用於太陽能電池之中。

其他貴金屬

白銀

　　白銀是一種閃耀的白色貴金屬，它的很多化學特性都和黃金很類似，而且，由於白銀礦藏豐富又比較便宜，所以它的工業用途也比較廣泛。白銀的延展性及可塑性都很好，而且導電及導熱能力也很高。另外，白銀向來也因擁有抗菌的特質而被使用在醫療產品上。白銀以純銀、與黃金或其他各種礦砂（主要是銅、鉛和鋅）混雜等形式存在。所以，一般通常是在開採其他金屬礦砂如黃金或銅時，順帶開採白銀。

消費及用途

　　白銀被用在珠寶、鑄幣和裝飾用家用品如刀具等用途已好幾千年。如今，印度是白銀珠寶的最大市場。白銀也被用於導電體、開關和斷路器、電池、鏡子和攝影用膠片上。近年來，白銀需求的成長主要來自太陽能產業，尤其是光電（太陽能）面板，這部分占二〇一〇年白銀消費量的5%，到二〇一一年，其占比更上升至10%。太陽能產業因歐盟政府電力收購制度（feed-in tariff）而受惠，不過，目前因這個制度的補貼金額過大，加上當地採行財政撙節措施，故補貼制度開始有所縮減。但無論如何，世界上其他地方還是繼續鼓勵太陽能專案的開發。事實上，中國在二〇一二年將二〇一五年太陽能能源貢獻目標由150億瓦提高到210億瓦。

　　二〇一一年時，白銀的工業消費量大約占世界總消費量的47%，而珠寶及淨投資需求則各占約15%及16%（見圖2.7）。其實二〇一一年的工業消費量略降了2.5%，主要是全球經濟成長疲弱所致。二〇〇七年至〇八年間，工業需求占總需求的百分比達到54%的高峰，但從那時候開始，投資需求便強勁成長（二〇〇三年只占總需求的0.1%，二〇〇二年的白銀投資需求甚至縮

圖2.7　各部門的白銀消費量

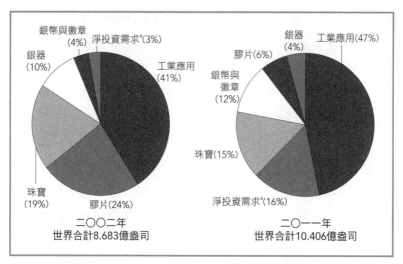

a 包括生產者避險活動

資料來源：白銀協會（The Silver Institute）

減）。一如黃金，以現貨白銀作擔保的指數股票型基金成立後，讓白銀的投資者族群得以擴大。然而，ETF的白銀持有部位從二〇一一年開始下降，到該年年底，持有部位已降低了8%，剩1萬5750噸。不過，美國二〇一一年的銀幣銷售量增加了17%，達3980萬金衡盎司。只是到了二〇一二年，前述趨勢全數逆轉，ETF持有的白銀部位大幅增加了1464噸，但美國銀幣銷售量則降低。

產量

　　礦區供給量大約占二〇一一年白銀全球年度供給量的73%，剩下的則是來自廢銀回收和微不足道的官方銷售與生產者避險。近年來礦區供給穩定增加，其中，二〇一一年增加1.4%，已是連續第九年成長。然而，銀礦開採公司也面臨和金礦業者相同的處境，尤其是勞工抗爭導致的開採中斷，另外，很多礦區也有礦砂品質下降的問題。儘管如此，由於相對小型的新礦專案持續開出，加上開採鉛／鋅或黃金的過程中仍持續採集出大量白銀，所以白銀的供給也持續成長。

　　墨西哥、秘魯和智利的產出約占二〇一一年白銀全球總產出的40%（見表2.14），因此，拉丁美洲是最主要的生產區域。不過，白銀蘊藏的地理位置非常分散，較大的生產國位於亞洲（中國、印度）、澳洲、歐洲（土耳其、瑞典）和俄羅斯。世界上最大的白銀生產企業包括必和必拓（澳洲）、弗雷斯尼洛公司（Fresnillo，墨西哥）、波蘭銅礦冶煉與工業公司（KGHM Polska Miedz，波蘭）、泛美白銀公司（Pan American Silver，加拿大）

表2.14　主要白銀生產國，二〇一一年

	百萬盎司	總數的 %
墨西哥	152.8	20.1
秘魯	109.8	14.4
中國	103.9	13.6
澳洲	55.2	7.2
智利	42.1	5.5
波蘭	40.8	5.4
俄羅斯	40.0	5.3
玻利維亞	39.0	5.1
其他	178.0	23.4
合計	761.6	

資料來源：白銀協會

和黃金公司（Gold Corp，加拿大）。但所有企業都不具顯著支配地位，而且各地都有很多小型銀礦公司從事白銀的開採及生產。

白銀的市場

　　投資人可以白銀條塊（純銀條）、銀幣和徽章等形式購買白銀，也能在紐約、多倫多或倫敦股票交易所，透過購買ETF的方式購買白銀。紐約股票交易所也有白銀的衍生性金融產品。由於白銀市場遠比黃金市場小，所以過去曾發生過大型買家試圖壟斷市場，以操縱白銀價格的例子（最著名的是一九七〇年代的杭特兄弟〔Hunt brothers〕），不過最後都沒有人成功達到目的。最常用的白銀標竿報價是美國的漢迪哈曼（Handy & Harman）底價及倫敦金銀市場協會的固定價格。

價格趨勢

　　和黃金一樣，過去十年間，白銀的價格穩定上漲，主要是因為投資需求增加。其中，二〇〇六年白銀價格漲幅最顯著，因為最大規模的白銀ETF在那一年成立，目前這檔ETF是由貝萊德公司（BlackRock，英國）管理，接著，二〇〇九年又有兩檔白銀ETF在美國及澳洲成立。然而，儘管白銀的很多特性都和黃金相同，但因白銀更廣泛使用於工業用途，所以，銀價也較容易受全球經濟或景氣循環影響（不像黃金，金價甚至可能在經濟疲弱時期上漲）。儘管如此，在二〇〇八年至〇九年的經濟衰退時期，銀價卻還是上漲（一如金價）。

　　二〇一一年時，銀價再次上漲，不過，一如多數原物料商品，價格後來又一路跌到年底。由於白銀與黃金的特殊關係，所以二〇一一年的白銀期貨也遭受和黃金期貨一樣的待遇──最低保證金規定提高（因當局擔心市場過度膨脹，難以維繫）。二〇一二年，銀價多半維持弱勢，不過那年第四季再次轉強。儘管如此，當年度平均價格還是跌了10.3%。圖2.8顯示黃金及白銀價格的波動關係非常密切，從中也可看出白銀價格的波動性較大。

未來展望

- 由於白銀具工業用途，尤其它可用於許多新型環保技術，所以，中期而言，白銀的工業需求仍將強勁。
- 近幾年來，白銀投資需求的持續上升，促使整體消費量增加。不過也因如此，銀價變得很容易受投資人偏好影響，例

圖2.8　黃金與白銀價格（二〇〇六年一月＝100）

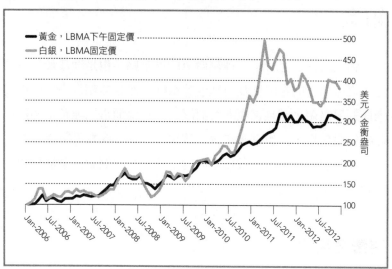

資料來源：哈弗分析公司

　　如當貨幣政策開始緊縮，利率開始上升，銀價就很容易受波
及。

■ 投資人投資白銀的意願提高促使銀價上漲，但這卻可能使得
白銀在工業用途上的競爭力降低。然而，目前在某些應用
上，還找不到白銀的適當替代物。

鉑金

　　鉑金俗稱白金，是一種灰白色的貴金屬，也是地殼最罕見的元素之一。它的延展性及可塑性都很好，而且熔點很高，所以是絕佳的導電體，而且它也非常耐腐蝕。鉑金通常以純鉑金的形態存在於自然界，但也常會和鎳及銅礦砂並存。人類最早在十八世紀初期就已發現鉑金，這項金屬的精煉及特性測試作業最早是在一七五〇年代展開。

消費及用途

　　鉑金的主要工業用途是柴油動力車的觸媒轉換器，這部分大約占二〇一一年全球總消費量的38%（見圖2.9）。汽車觸媒的原理是利用貴金屬將汽車內的有害氣體轉化為無害的物質。另外，大約略高於三分之一的鉑金消費量是用於珠寶用途，鉑金珠寶在中國和印度尤其受歡迎。其他用途包括電氣接點（electrical contacts）、液晶顯示器玻璃、石化業、石油提煉及實驗室設備等。鉑金也用於牙醫及醫藥業。

　　二〇〇三年至〇八年的年度平均消費量成長2.2%，但二〇〇九年的消費量因全球經濟衰退而大幅萎縮15%。接著，二〇一〇年的消費量又成長了16%，二〇一一年的成長率則趨向溫和，僅2.4%，主要是投資需求大幅降低及歐洲汽車市場疲弱。由於歐洲的柴油動力車為數眾多（約占市場的50%），而柴油動力車的觸媒轉換器會使用到鉑金，所以這項金屬受歐洲市場衰退的衝擊特

圖2.9　各產業的鉑金消費情況，二〇一一年

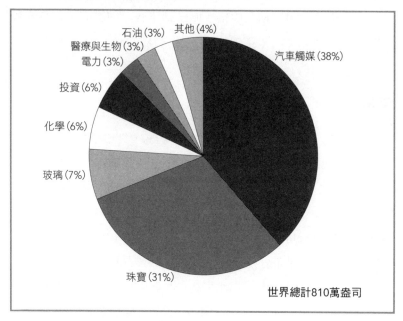

石油(3%)　其他(4%)
醫療與生物(3%)
電力(3%)
投資(6%)
化學(6%)
玻璃(7%)
珠寶(31%)
汽車觸媒(38%)
世界總計810萬盎司

資料來源：強納生馬賽公司（Johnson Matthey）

別大。幸好美國柴油動力汽車和卡車的需求出現了成長跡象，局部緩和了鉑金所受的衝擊，另外，歐盟在二〇一三年一月通過歐盟碳排放第六法規（Euro VI），這將使鉑金的中期需求上升。更廣泛來說，汽車市場的供給中斷（見鈀金）是導致二〇一一年的鉑金消費成長率降低的重要原因。

　　隨著鉑金價格在一九八〇年代上漲，市場上開始出現各種鉑金條和鉑金幣，而且這項金屬的投資需求也漸漸加溫，包括類似黃金及白銀ETF的鉑金ETF，這種ETF也是以現貨鉑金作擔保。二〇一一年的投資需求比二〇一〇年減少30%，不過，依舊維持

正數，為46萬盎司。鉑金珠寶需求的價格敏感度非常高，所以，二〇一一年時，由於鉑金價格一路跌到年底，中國的買盤遂大幅增加。

產量

二〇一一年，鉑金的供給年增率為7%，總供給量為648萬盎司（見表2.15），這主要是由於南非釋出部分庫存，另外也因廢（即回收）鉑金的供給增加12%。鉑金的生產受南非支配，其產量大約占鉑金全球年度產出的75%，其中90%來自西布什維爾（Western Bushveld）地區。和黃金一樣，南非鉑金產量的占比也因電力供給的不確定性及高電力成本、礦砂品質下滑及成本上升（主要是工資）等問題而開始減少。近幾年來，勞工抗爭問題已經導致產出降低，如二〇一一年南非的鉑金礦區產出就減少了3%，估計二〇一二年將呈現更明顯的下降趨勢，因為那一年八

表2.15　主要鉑金生產國

	二〇〇二年		二〇一一年	
	千盎司	總數的%	千盎司	總數的%
南非	4,450	74.5	4,855	74.9
俄羅斯	980	16.4	835	12.9
北美	390	6.5	350	5.4
辛巴威	0	0.0	340	5.2
其他	150	2.5	100	1.5
合計	5,970		6,480	

資料來源：強納生馬賽公司

月至九月間爆發罷工事件，勢必會導致年產量減少。然而，辛巴威因新的安基礦區（Unki）開始運轉，所以，它二〇一一年的鉑金年產量增加21%，該國供給量占當年度全球總供給量的6%，比二〇一〇年的3%顯著上升。另外，俄羅斯由於坐擁大型鎳礦，所以是世界上第二大鉑金生產國，但該國的鉑金產業也因為礦區老化及礦砂品質降低而受苦。

主要鉑金礦業公司有英美鉑金公司（Anglo American Platinum）和英帕拉鉑金公司（Impala Platinum），礦區主要位於南非。

鉑金的市場

鉑金是在紐約商業期貨交易所（New York Mercantile Exchange，簡稱NYMEX）和倫敦鉑金及鈀金市場（London Platinum and Palladium Market）交易。NYMEX也有鉑金期貨合約可供交易。一如其他貴金屬，投資人可以購買鉑金條塊和鉑金幣，另外，二〇〇七年時，一檔以鉑金現貨擔保的ETF在歐洲成立，並於倫敦股票交易所掛牌。二〇〇九年，另一檔連結到前述ETF的鉑金ETF在東京股票交易所成立。這檔ETF在日本的反應很平淡，不過，二〇一〇年一月在紐約股票交易所成立的一檔鉑金ETF，則吸引非常大買盤介入。二〇一一年時，又有兩檔美國的鉑金ETF成立。

價格趨勢

　　在整個二〇〇〇年代，由於工業部門的現貨需求強烈（因全球經濟維持繁榮）及投資人購買意願明顯上升（新產品如ETF的誕生促進了投資意願），鉑金價格遂大幅上揚，它從二〇〇〇年年初的每盎司約僅433美元上漲到二〇〇八年六月的每盎司2100美元高峰，接下來，全球金融危機導致價格大幅崩落（見圖2.10）。二〇〇八年十月底，鉑金的交易價只剩每盎司750美元。然而，從那時開始，它又迅速回漲，二〇〇九年一月已超過每盎司1000美元，而且之後的表現都非常強。（鉑金市場的規模很小——至少相對黃金而言——所以它尤其容易受投資人信心衰減或

圖2.10　黃金及鉑金價格

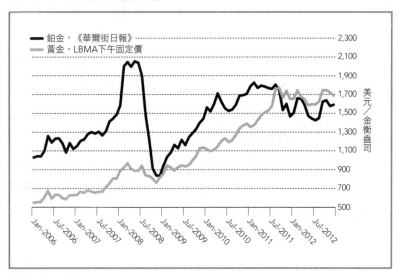

資料來源：LBMA、《華爾街日報》（*Wall Street Journal*）

流動性問題傷害。)

　　儘管二〇一一年的平均價比二〇一〇年高7%，但二〇一一年八月至九月間，鉑金價格卻因市場擔憂歐元區金融穩定性及全球整體經濟成長等問題而開始大幅下跌。到二〇一一年年底，價格已跌到每盎司1364美元的兩年低點。從基本面的觀點來說，二〇一一年供給面強勁成長，但需求成長卻是呆滯的，所以整個市場呈現供給過剩的情況。進入二〇一二年後，由於市場持續憂心歐洲及美國經濟前景，加上部分大型開發中國家經濟成長率降低的證據愈來愈明顯（這意味汽車部門的需求將維持弱勢），鉑金價格也持續下跌。二〇一二年的年度平均價格下跌9.9%。

　　一般人會以相對黃金價格的關係來看待鉑金價格的高低。二〇一一年八月時，鉑金相對黃金的價格比率跌破1，但在二〇〇八年年初的多頭市場時，這個比率曾上升到接近2。二〇一二年一整年，鉑金相對黃金的價格還是維持弱勢，這個比率甚至一度降到一九九〇年代初期以來未曾見過的低點。

未來展望

- 一如所有貴金屬，近幾年來，鉑金愈來愈容易受投資人信心影響，因為投資人需求占現貨鉑金消費量的比例持續提高，而這將使得價格波動性進一步上升。
- 起伏不定的價格會對礦業公司造成非常高的不確定性，因為開發一個礦區通常得花很多年的時間，而且資金成本通常很高。
- 採礦作業集中在少數幾個國家，因此這項金屬的供給容易受

礦區生產中斷影響。

■ 汽車產業的發展攸關鉑金的未來，由於歐洲某些較輕的柴油動力車漸漸以鈀金取代鉑金的使用，所以，鉑金有可能在其主要市場被邊緣化。

鈀金

　　鈀金是一種罕見的白鋼色金屬。它的很多特性和其他貴金屬相同：延展性及可塑性佳，傳導性良好，低熔點，而且可回收。另外，鈀金也完全抗腐蝕。然而，鈀金是貴金屬中最軟的一種，特別適合用來製作精美的裝飾品。我們通常可以在鉑金及其他貴金屬——包括黃金——附近的砂礦礦床裡採集到鈀金，另外，在採鎳礦時，也可能順帶開採到鈀金。

消費及用途

　　鈀金的主要用途是汽車動力車的觸媒，大約占二〇一一年全球總消費量的71%（見表2.16），不過，它也用在化學產業、牙醫業、電力零組件，而且愈來愈常被用在珠寶。另外，有些人也會基於投資目的而買賣鈀金。

　　二〇〇三年至二〇一〇年間，鈀金年度消費量的平均成長率約為8.7%，不過，二〇一一年的整體消費量卻減少了13%，主要是因為投資需求萎縮。不過，儘管歐洲經濟成長疲弱並實施撙節政策、新興市場貨幣相對美元貶值、二〇一一年三月日本大地震和那年稍晚泰國嚴重水災等導致汽車供應鏈中斷，使汽車產業面臨重重困境，還有中國祭出的新限制（包括緊縮信用條件）導致該國二〇一一年汽車銷售成長率降到5%（二〇一〇年為成長33%），但二〇一一年一整年，鈀金的工業用量卻還是明顯增加。

表2.16   各產業的鈀金消費量，二〇一一年

	千盎司	總數的%
汽車觸媒	6,030	71.4
電力	1,380	16.3
牙醫	550	6.5
珠寶	505	6.0
化學	445	5.3
投資	–565	–6.7
其他	105	1.2
合計	8,450	

資料來源：強納生馬賽公司

產量

已發現的鈀金礦藏分布在南非、俄羅斯和北美。二〇一一年的鈀金供給量幾乎沒有變化。俄羅斯是最大的供應國（包括庫存釋出），約占二〇一一年全球總供給量的47%，數量約為348萬盎司；南非是第二大供應國，二〇一一年的產量約256萬盎司（見表2.17）。北美的供應量持續增加，是重要的供給來源，而辛巴威的鈀金產量也開始增加。然而，年度供給量數字有時會因俄羅斯策略性出售庫存的政策而遭到扭曲。鈀金市場的其他供給來源包括廢鈀金，或是投資人賣出以現貨鈀金作擔保的ETF部位。

鈀金的主要礦業公司包括英美鉑金公司、英帕拉鉑金公司，以及南非的隆名公司（Lonmin）和俄羅斯的諾瑞爾斯柯鎳業公司（Norilsk Nickel）。較小型的業者包括美國的史堤瓦特鈀金公司（Stillwater Palladium）和位於加拿大的北美鈀金公司（North American Palladium）。

表2.17　主要鈀金生產國

	二〇〇二年		二〇一一年	
	千盎司	總數的%	千盎司	總數的%
俄羅斯：主要產量	1,930	36.8	2,705	36.8
俄羅斯：庫存銷售	0	0.0	775	10.5
南非	2,160	41.1	2,560	34.8
北美	990	18.9	900	12.2
辛巴威	0	0.0	265	3.6
其他	170	3.2	155	2.1
合計	5,250		7,360	

鈀金的市場

　　鈀金在紐約商業期貨交易所及倫敦鉑金及鈀金市場都有交易。NYMEX也有鈀金期貨合約，而且有一檔鈀金ETF分別在倫敦及紐約交易所掛牌交易。鈀金ETF的部位規模在二〇一〇年增加了80%，達64噸，不過二〇一一年減少了將近三分之一，這使得那一年的現貨供給量大幅增加。二〇一一年自ETF流出的鈀金大約有19噸，大約占二〇一一年總供給量的20%。

價格趨勢

　　有時候，鈀金價格會比鉑金貴，最近一次出現這種狀況，是在二〇〇〇年時，不過在整個二〇〇〇年代後續期間，這個關係因為鉑金大幅上漲（主要是因投資需求增加所致）而再次改變。鉑金和鈀金價格通常是同向波動，而且是隨著其他工業用金屬上

漲或下跌，這和其他貴金屬如黃金和白銀的情況不同。然而，二
〇〇〇年代初期，這兩種金屬的價格卻反向波動，鈀金價格從二
〇〇一年年初每金衡盎司1000美元的高峰，跌到二〇〇三年四月
的265美元／金衡盎司。在那之後，鈀金價格又開始回升，隨著
其他工業用原料及鉑金價格上漲。鈀金價格的月均價在二〇〇八
年三月達到590美元／金衡盎司的高峰，接著便迅速下跌（見圖
2.11）。後來，價格再次回升並超過鉑金價格，主要是反映鈀金
在汽油動力汽車的用途，以及 一般人漸漸體會到它的投資價值。

　　二〇一一年年初，鈀金價格明顯走高促使很多ETF在那一年
稍晚賣出它們的部位（儘管投資人也可能是為了要彌補投資組合
的其他損失而賣出鈀金），而且，二〇一一年，鈀金條塊和鈀金

圖2.11　鈀金與鉑金價格

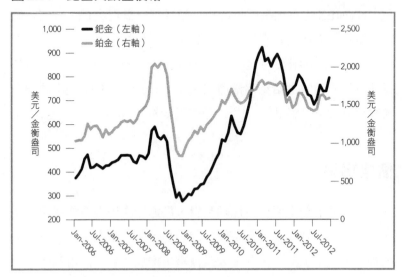

資料來源：哈弗分析公司、《華爾街日報》

幣也出現賣壓。二〇一二年多數時間，鈀金價格都維持弱勢，直到美國宣布額外的量化寬鬆措施，以及歐洲央行似乎改採較積極的立場來因應歐元區災難後，鈀金價格才漸漸回升，不過，二〇一二年的平均價格依舊下跌了10.8%。

未來展望

■ 一般認為俄羅斯的庫存目前已接近耗竭，這意味二〇一二年過後，供給可能趨向萎縮。

■ 在歐盟，較輕型的柴油汽車有以鈀金取代鉑金的趨勢。

■ 中國汽車廢氣排放標準趨於嚴格（二〇一一年年中生效）應能支撐中期的消費量。

鉛

　　鉛是一種藍白色金屬，不過，一旦暴露在空氣中，它便會失去光彩，變成灰色。它是地殼中較稀少的非鐵金屬之一。鉛具備很多實用的特性，尤其值得一提的是，它高度抗腐蝕，而且延展性佳，還能輕易熔化與結合。它的密度很高，所以是防導電、輻射屏蔽及隔音等用途的寶貴絕緣材料，而且，它的電化（electrochemical）特性讓它成為動力汽車蓄電池的實用成分，而且可用於備用電力供給用途。

　　然而，由於世人愈來愈了解鉛的毒性，所以鉛的消費型態也開始出現轉變。最初且最顯著的改變是發生在一九八〇年代，鉛被漸進式地從汽車燃料中移除。基於相同的原因，鉛原本在塗料、焊劑及軍需品上的用量也漸漸減少。

採集、加工及礦藏

　　鉛通常存在於白銀、鋅和／或銅礦砂裡，所以，一般都是和這些金屬同時開採。只有5%的礦區產出是來自純鉛礦。鉛礦的地理位置集中在中國、澳洲和美洲國家，不過，其礦床卻散布全球各地，從這一點便可看出為何人類使用鉛的歷史已長達數千

年。透過提煉的過程，就可以輕易從硫化及氧化礦砂中還原鉛，如今，很多精煉的鉛來自次級來源，尤其是回收業。

　　相較於其他金屬和碳氫化合物，鉛的礦藏其實非常豐富。美國地質調查局估計，已知礦藏量為8500萬噸（見圖2.12），不過，它也提到，近幾年很多鉛礦床隨著白銀、銅和鋅礦藏被發現。根據美國地質調查局的估計，可辨識的全球礦藏量約15億噸。

產品及用途

　　這項金屬的工業用途非常廣泛，尤其是在運輸、建築和電力

圖2.12　鉛礦藏，二〇一一年

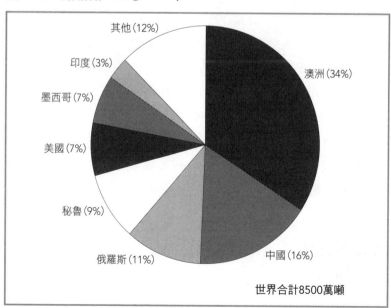

資料來源：美國地質調查局

產品。在電線電纜護套、導管和板材的應用上，都是使用純鉛，而非鉛合金。另外，其他某些應用則是採用鉛合金（最重要的是電池鉛板的應用），另外，各種鉛化合物裡，如電池及顏料裡的鉛氧化糊劑等，也會使用到鉛。

然而，在電線電纜護套、導管和板材等產品的應用上，鉛一直面臨塑膠和鋁的競爭。不過，鉛在電池製造用途方面的成長，抵銷了替代物在上述幾個市場鉛用量可能減少的衝擊。根據國際鉛及鋅研究組織（International Lead and Zinc Study Group，簡稱ILZSG）的分析，目前電池製造業的用鉛量大約占全球鉛總消費量的80%，一九六〇年代時，這項用途只占總消費量的30%。

啟動、照明、點火（starting-lighting-ignition，簡稱SLI）電池主要用在動力汽車，大約占鉛蓄電用途的80%。這部分的成長主要是受汽車生產及原始設備（original-equipment，簡稱OE）電池的需求驅動，不過，更大宗的最終用途是替換電池，而就這部分而言，需求是隨著現有汽車存量而成長（而非新汽車產量）。以大量生產的汽車來說，目前並沒有技術或商業上可行的替代產品能取代SLI電池，另外，汽車及混合動力車裡的電子應用增加，更讓電池的需求持續上升。電動腳踏車的日益普及化——尤其是在中國——則是近幾年的另一個需求來源。然而，新的電池技術延長了電池壽命，反而抑制鉛的需求。

消費與貿易
區域趨勢

鉛的消費有明顯向東方移動的傾向。二〇一一年美國及歐盟

合計市場占有率僅約30%，較不久前（二〇〇一年）的55%（見表2.18）明顯下降。另一方面，亞洲消費占全球總消費量卻從二〇〇一年的32%上升至二〇一一年的61%。

　　過去十年間，中國支配著鉛的消費情勢，主要是因它的國內汽車生產大幅成長。中國鉛消費占全球總消費量的比率，由二〇〇一年的11%明顯攀升到二〇一一年的44%。二〇〇〇年至二〇一〇年間，其汽車生產的平均年增率高達24%，而且，中國在二〇〇九年取代美國，成為世界上最大汽車生產國（當然也是因為那一年美國經濟成長明顯低迷）。其他驅動中國鉛需求量的因素包括很多電池製造商將生產基地從高成本國家遷移到中國。

　　二〇一一年時，中國政府強制關閉了一些造成嚴重污染的電

表2.18　主要的鉛消費[a]國

	二〇〇一年		二〇一一年	
	千噸	總數的%	千噸	總數的%
中國	700	10.8	4,632	44.1
美國	1,695	26.1	1,601	15.3
歐盟	1,885	29.0	1,547	14.7
印度	127	2.0	455	4.3
南韓	314	4.8	409	3.9
日本	284	4.4	234	2.2
墨西哥	253	3.9	227	2.2
台灣	167	2.6	111	1.1
其他	1,070	16.5	1,278	12.2
合計	6,495		10,494	

a　初級和次級鉛消費，不包含重熔的部分。
資料來源：國際鉛及鋅研究組織、世界金屬統計局

池製造廠，此舉理當顯著衝擊當年度的鉛消費量。然而，小型及老舊工廠的永久性關閉，卻讓不受影響的工廠（規模較大且配置現代設施）得以趁機囤積存貨或提高產能利用率。整體而言，儘管這項干擾的影響層面不小，但二〇一一年的鉛消費量依舊成長了9.9%。另外，雖然二〇一二年經濟成長力道趨緩，但鉛的消費依舊維持強勢。初步的數據顯示，二〇一二年鉛蓄電池的產量增加了25%以上。

貿易

　　中國崛起為主要的礦區及精煉鉛產出供給來源後，世界鉛精礦的貿易因此降低，歐洲地區的冶煉產能也明顯減少。目前，透過國際貿易買賣的精煉鉛產量占全球總產量的比例已不到20%（二〇一一年為17%），相較於其他金屬，鉛的這項比例偏低，這多半是次級鉛產業的重要性提升所致，而這類產業多半是為在地市場提供服務。不過，歐洲內部的精煉鉛（還有鉛精礦）貿易活動還是舉足輕重，另外，北美內部的雙向貿易也很重要。不過，中國的貿易活動還是最重要的，在短短幾年前，中國原本還是精煉鉛的最大出口國。然而，二〇〇七年和二〇〇八年的產量成長率降低（因鉛精礦短缺），加上國內需求強勁，所以中國二〇一一年的精煉鉛出口已降到只剩1萬噸，較二〇〇六年的53萬8000噸顯著減少，所以目前最大的出口國變成澳洲（見表2.19）。

表2.19　主要出口及進口國，二〇一一年

	出口			進口	
	千噸	總數的%		千噸	總數的%
澳洲	250.2	14.3	美國	298.0	17.4
德國	169.4	9.7	南韓	140.2	8.2
哈薩克共和國	138.4	7.9	德國	112.6	6.6
南韓	136.6	7.8	西班牙	108.0	6.3
比利時	130.6	7.5	義大利	97.9	5.7

資料來源：世界金屬統計局

產量及庫存
礦區產量

　　鉛的礦區產量高度集中。二〇一一年時，光是五個國家——中國、秘魯、墨西哥、美國和澳洲——就占了全球總產出的80%，其中，中國的占比高達50%（見表2.20）。過去十年間，礦區產出持續成長，但所有成長動能全部來自中國，世界上其他地方的產量則是減少的。二〇一〇年和二〇一一年的全球礦區產出分別成長10%和10.6%，然而，中國那兩年的產出分別增加了36%和27%。在二線的鉛礦生產國當中，墨西哥二〇一一年的成長率達14.3%，而印度和俄羅斯也強勁成長，但美國、秘魯和澳洲的產出則降低。

　　在初級（採礦）階段，鉛和鋅通常都是同一家公司生產的，儘管新礦區的鋅等級通常會高於鉛的等級。現在有很多新鋅礦是銅－鋅礦，而不是傳統的鉛－鋅－銀礦床。二〇〇〇年代開發的唯一大型初級鉛礦是年產量10萬噸、位於澳洲西部的麥哲倫礦區

表2.20　鉛礦區產量

	一九九七年		二〇〇四年		二〇一一年	
	千噸	總數的%	千噸	總數的%	千噸	總數的%
中國	712	23.3	997	31.7	2,358	50.2
澳洲	486	15.9	642	20.4	621	13.2
歐洲	257	8.4	228	7.2	358	7.6
美國	459	15.0	439	13.9	348	7.4
秘魯	262	8.6	306	9.7	230	4.9
墨西哥	174	5.7	118	3.7	209	4.5
加拿大	186	6.1	77	2.4	59	1.3
其他	516	16.9	342	10.8	516	11.0
合計	3,051		3,138		4,700	

資料來源：國際鉛及鋅研究組織

（Magellan mine），不過，由於環保疑慮使這個案子遭遇阻礙並於二〇一一年關閉，等待相關問題解決後才可能再度開啟。

　　在美國和澳洲，採礦作業大致上都和冶煉製程整合在一起。然而，歐洲、日本、南韓和近幾年的中國，則有非常大的專業冶煉產業，其主要業務是進口鉛精礦（尤其是來自澳洲、加拿大和拉丁美洲）後加以精煉，或從事次級生產。

精煉產量及冶煉產能

　　過去十年間，全球精煉鉛的產量大致上維持大幅成長，只有二〇〇九年例外，那一年產出呈現停滯。不過，二〇一一年的產量又成長8%，其中，中國的產出增加10.7%（見表2.21），是主要的成長動力貢獻者。根據國際鉛及鋅研究組織的數據，在二〇

表2.21　主要精煉鉛生產國[a]

	二〇〇一年		二〇一一年	
	千噸	總數的%	千噸	總數的%
中國	1,195	18.2	4,648	43.7
歐盟	1,682	25.6	1,628	15.3
美國	1,376	20.9	1,317	12.4
日本	302	4.6	249	2.3
南韓	211	3.2	421	4.0
澳洲	280	4.3	226	2.1
加拿大	231	3.5	282	2.6
墨西哥	234	3.6	348	3.3
其他	1,065	16.2	1,528	14.4
合計	6,576		10,647	

a　初級和次級精煉產出，不包含重熔的部分。
資料來源：國際鉛及鋅研究組織

一一年開出的每年78萬噸鉛冶煉新產能中，有55萬噸位於中國，包括內蒙古、雲南、江西、廣東、黑龍江和湖南的新作業。初步的資料顯示，二〇一二年中國又新增了38萬噸的產能。其他還略微值得一提的是印度和墨西哥在二〇一一年新增的產能，以及二〇一二年秘魯重新開啟的拉歐洛亞（La Oroya）綜合冶煉設施，其年產能為11萬4000噸。

　　近幾年來，中國啟動了一波波關閉及整併鉛精煉產業的行動，部分目的是為了減輕污染與提高效率。大致上來說，中國的新產能是根據新的規格建造，能在高環保標準下運轉，而且全部的新產能足以取代並超過政府計畫關閉的舊產能。

　　除了中國以外，主要的鉛生產企業為斯特拉塔公司（瑞

士）、必和必拓（澳洲）、波蘭銅礦冶煉與工業公司（波蘭）、泰克明柯公司（Teck Cominco，加拿大）及沃肯礦業公司（Volcan Compania Minera，秘魯）。

目前鉛回收（主要來自汽車電池）對整體產量的貢獻度相當大，尤其是在沒有鉛礦的國家；二〇一一年時，次級生產占精煉鉛總產量已略高於50%。西歐和美國的次級生產量這麼高的另一個原因是，當地的初級冶煉作業廠基於經濟及環保理由而關閉。

在美國以外的地區，次級生產商比初級生產商的家數多且規模較小，地理位置較分散。它們的營運多半為本地市場導向，而且比較靠近最終使用者（最終使用者也是廢鉛的主要來源），但很多回收廠的年產能不到2萬5000噸。近幾年，中國和獨立國協（Commonwealth of Independent States）的次級產量持續增加，但相較於西方經濟體，其次級產量占精煉鉛總產出的比率依舊較低。二〇一一年時，中國的次級產量約占其總精煉產量的29%，相較之下，美國的這個比率高達91%。二〇一二年時，由於中國礦區供給量快速成長，故其次級產量占總產出的百分比進一步降低。

鉛的市場

鉛精礦的貿易是以粗煉加工費（treatment charges）為基礎，這項安排的目的是要讓採礦業者和冶煉業者共同分攤鉛的價格。鉛精礦主要是依照年度合約的基礎來交易，合約價通常是在每年的第一季敲定。從鉛精礦的議價結果就可看出鉛精礦礦區供給和冶煉需求之間是否平衡，粗煉加工費愈低，對採礦公司愈有利，

但高粗煉加工費則對冶煉業者有利。合約的設定是根據基本價格加上一些調整項目，所謂調整項目是將倫敦金屬交易所的鉛價變動列入考慮。

LME是鉛的唯一期貨市場，因此，精煉鉛及中間產品價格都是以LME的交易價為基礎。歐洲各地、新加坡、馬來西亞和阿拉伯聯合大公國等都有LME用來儲存鉛的倉庫，它在美國也有七處倉庫。

LME合約詳細說明其交貨規格是最低純度99.97%的純精煉鉛。然而，LME的品質規格並不符合產業界的要求，特別是電池製造商，它們必須使用99.985%以上純度的鉛，才能生產出高品質的合金板柵。西歐及亞洲國家生產商的報價遠高於LME的價格，部分就是反映這個品質上的差異。

北美生產者價格（NAPP，由《金屬一週》〔Metals Week〕發表）是一般等級鉛（99.97%純度）的報價，而如果是較優質的材料，會再加上一點溢價。這個價格是以許多美國及加拿大生產者的平均報價（依各生產商前一年度的產量加權平均）為基礎。儘管北美生產者價格一般明顯高於LME價格，但這兩個市場的波動通常呈正相關，主要原因在於次級生產者的影響力日益上升，而目前很多次級生產者是根據LME的價格報價。

價格趨勢

二〇〇三年至〇七年間，鉛價大幅飆漲，平均年漲幅高達45%，原因是中國的崛起使世界上多出了一個強烈的需求來源，但礦區供給卻跟不上需求的腳步（甚至降低），而且全球庫存量

很低。十年前，產能投資相當匱乏，導致近幾年鉛精礦供給短缺，另外由於投資人預期價格將上漲而大量湧進期貨市場（當時全球流動性相當充裕，加上美元疲弱，才會讓原物料商品投資顯得更具吸引力），導致原本就因現貨市場供給吃緊而上漲的鉛價進一步膨脹。

但到了二○○八年年底，由於全球經濟衰退加上流動性迅速乾涸，鉛價遂快速崩盤。不過，供給方面的回應相當快速，二○○九年的礦區產出和精煉產出都見縮減。而由於供給縮減，加上中國經濟因政府推出大規模振興措施而迅速恢復成長，鉛價遂又開始回升。在經濟衰退期，鉛價通常是相對較容易回升的，因為替換電池的消費占電池總消費量的比重很高，換言之，即使汽車生產和銷售量大幅減少，消費者終究有更換汽車電池的需求。

二○一○年和二○一一年強勁成長的鉛產量導致其庫存水準在二○一一年年底達到令人坐立不安的高水準，於是，鉛價再次隨著其他基本金屬價格下跌（見圖2.13）。

鉛市場表現比其他金屬更強勁的原因之一是，鉛的次級市場趨勢對價格的影響力較大。低鉛價通常會導致次級鉛（廢鉛）供給降低，這將進一步促使整體精煉鉛的供給量減少，進而讓市場均衡再度趨向緊縮。而當鉛價走高時，就會出現相反的情況。所以，鉛的次級市場就像是整體鉛市場的壓力閥。

未來展望

■ 全球汽車數量還有很大的成長空間，因為多數新興國家的人均擁車數還很低。舉個例子，目前中國大約每150個公民才

圖2.13　鉛庫存與價格

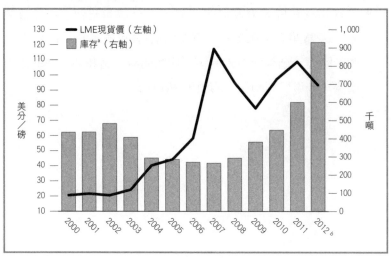

a 商業（LME、生產者、消費者、貿易商）庫存報告總數量，期末
b 經濟學人智庫估計
資料來源：倫敦金屬交易所、世界金屬統計局

有一輛車，美國則是每1.3個公民擁有一輛車，而歐盟和日本則是每1.8個公民擁有一輛車。然而，鉛酸蓄電池在混合燃料車和純電動車的應用上，表現都不理想，所以這類汽車的生產商偏好採用其他種電池，尤其是鋰電池。儘管以目前的情況來說，這些節能車款因太過昂貴而難以擴大市場占有率，但它們的價格終究會下跌，中期而言，節能車技術也有改善空間。

■ 中國降低污染和能源使用量的種種作為，可能對該國採礦及冶煉產業造成負面影響，至少會導致成本上升。事實上，鉛生產活動可能衍生整體負面影響（譯注：如環境污染）的種種疑

慮，有可能導致未來幾年的供給受限。

■ 儘管鉛具有抗經濟衰退的特質，但鉛價的波動性可能會變大，因為開發中國家汽車銷售（鉛消費成長動能的所有來源）隨經濟循環而波動的情況比較明顯，這和較成熟的西方市場（多半已經飽和）的銷售情況不同。

鎳

　　鎳是一種銀白色的金屬，可以高度拋光。是地殼裡第五常見的元素。它很堅硬，但還是具加工性能，而且抗腐蝕。這些特性讓它成為製作沃斯田鐵系（austenitic，以鐵為基礎）不銹鋼及其他特殊鋼或超級合金時的主要選擇。

採集、加工及礦藏

　　鎳可藉由冶煉（在高爐內加熱）的方式從它的礦砂中萃取出來，冶煉後所產生的鎳鐵（ferronickel），可以直接供鋼鐵製造商使用。另外，也可以再用電解（electrolysis，以電流將礦砂分解為各種不同成分）的方式來萃取鎳。有一小部分的鎳供給是藉由酸滲濾（acid leaching）的方式從礦砂裡取得。

　　二〇〇六年至〇七年間，鎳價的飆漲促使中國的不鏽鋼生產者開發了一種稱為鎳生鐵（nickel pig iron）的低成本投入原料，這是使用低等級（且較廉價）的鎳礦砂製成。他們用製鐵的高爐將這種低等級鎳精礦和鐵及鉻礦砂混合在一起進行冶煉。近幾年，中國的鎳生鐵產能大幅擴張，到二〇一一年時，年產能已達到25萬至30萬噸，而且它還計畫進一步將產能擴充到每年50萬

噸。不過儘管原料很便宜，但整個生產過程的成本並不算低，而且這種不銹鋼的品質很差。因此當鎳價下跌，鎳生鐵的使用量也會隨之下降。中國目前正試圖提高鋼鐵生產活動的附加價值，所以當鎳價較高時，它的新不銹鋼產能有時會採用較高品質的鎳生鐵。

　　已知的鎳礦藏非常豐富，而且地理分布非常廣，澳洲就占了其中30%（見圖2.14）。

圖2.14　鎳礦藏，二〇一一年

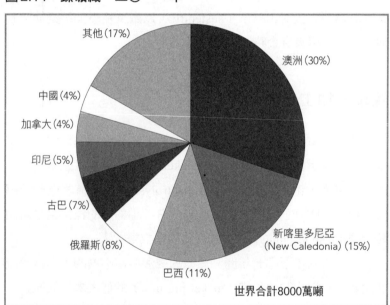

資料來源：美國地質調查局

產品及用途

　　沃斯田鐵系不銹鋼的製造大約占全球鎳總消費量的三分之二。沃斯田鐵系鋼的鎳成分可達到10%以上，不過，最常見的合金只含有8%的鎳，較低等級的產品甚至只使用6%。鎳可以抵銷鉻會讓金屬變脆的影響，因此能提升加工性能（workability），但同時又能維持甚至強化抗腐蝕的功能。鎳也會少量被用來加強工具鋼（tool steels）的硬度，也會用於部分不完全抗腐蝕的高強度鋼鐵（high-strength steel）。

　　鎳也是部分特殊高效能合金的重要成分之一，包括超級合金（這些合金是指鐵成分不到50%的類鋼鐵）及非鐵合金，如銅鎳合金（譯注：又稱白銅），銅鎳合金常用於製幣用途。純鎳或近純鎳偶爾也有用途，其中最重要的是用於電鍍，為其他塗層（尤其是鉻）提供基底，有時候也會直接用於最終表面處理。很多超級合金最初是為了太空和航太引擎產業而開發。現在，鎳的電鍍用途變得愈來愈普遍，它被廣泛應用在很多基礎工業產品及先進科技產品上。化學產業也拿鎳來當作觸媒，而且鎳被用在可攜式電子設備電池的情況也愈來愈普遍。

消費與貿易
區域趨勢

　　過去幾年，最顯著的發展是中國的鎳消費量因不銹鋼產能快速膨脹而增加。表面上看起來，開出新產能的目的是要讓中國擁有自給自足的能力，讓國內的產業能取得足夠供給，尤其是家電

用品如洗衣機和洗碗機等製造業。但到最後，中國很多新生產線卻進一步在亞洲市場取得非常高的市占率，因為這些生產線都是中國和國際上基礎雄厚的企業——尤其是日本和南韓廠商——合資成立。面臨中國相關的競爭，其他國家——尤其是歐盟——的生產對手不得不減產因應。中國的消費占二〇一一年世界總消費量的43.1%（見表2.22）。

歐盟是世界上第二大鎳消費地區，約占二〇一一年全球總消費量的20%。然而，歐盟消費量占全球消費的比例是從二〇〇二年的高峰一路下滑，當年的占比高達40%，到了二〇〇八年至〇九年經濟衰退期，由於大量的鋼鐵產能停產，所以歐盟的鎳消費量占比更是劇烈下降。不過，從那時開始，歐盟的鎳消費占比略見復原，但因歐盟持續縮減或整併鋼鐵製造產能，故未來消費量恐怕增加有限。

美國大約占二〇一一年世界總消費量的8%，但這個市場特

表2.22　主要鎳消費國

	一九九五年		二〇〇三年		二〇一一年	
	千噸	總數的%	千噸	總數的%	千噸	總數的%
中國	38	3.8	133	10.6	713	43.1
歐盟	374	37.5	445	35.7	335	20.3
日本	196	19.6	188	15.1	174	10.5
美國	125	12.5	117	9.4	134	8.1
南韓	46	4.6	113	9.0	100	6.1
台灣	48	4.8	103	8.2	53	3.2
其他	170	17.0	151	12.1	145	8.7
合計	998		1,249		1,655	

資料來源：世界金屬統計局、經濟學人智庫

別有趣，因為美國的鎳消費量中，有非常高比重（約10%至
15%）是超級合金及非鐵合金製造商所消耗。北美（含加拿大及
墨西哥）鋼鐵業所消耗的原鎳僅占該區總消費量的三分之一。

貿易

　　加拿大和俄羅斯是世界上最大的精煉鎳出口國（見表
2.23），印尼有一些生產鎳鐵的精煉產能，不過，菲律賓並沒有
加工鎳出口。中國在二〇〇七年取代美國成為最大進口國，二〇
一一年的進口量更比美國進口量多一倍以上。

產量及庫存
礦區產量

　　幾十年來，俄羅斯向來在鎳的礦區產量方面占有舉足輕重的
地位，典型來說，其產量通常占全球產出的15%至20%。俄羅斯
前國有企業——諾瑞爾斯柯鎳業公司是世界上最大的鎳生產商

表2.23　主要出口國及進口國，二〇一一年

	出口（千噸）		進口（千噸）
俄羅斯	304	中國	212
加拿大	128	美國	117
挪威	93	德國	68
芬蘭	40	日本	41
中國	32	義大利	38

資料來源：世界金屬統計局

（見表2.24），最初是因為它控制了俄羅斯約80%的產能，不過民營化以後，它又到國外收購產能，並多角化經營，介入其他金屬的生產。俄羅斯主要的生產地區位於科拉半島（Kola Peninsula，靠近芬蘭邊界的挪威北部）和西伯利亞；換言之，很多產能其實位於北極圈內。蘇聯的瓦解及隨後的混亂情勢讓該國的鎳產出一度下降，但後來便漸漸回升，儘管尚未回到一九八九年以前每年30萬噸以上的巔峰狀態。

菲律賓群島的南部島嶼擁有非常豐富的鎳砂礦床，近幾年來的高額投資，讓當地產出從二〇〇一年的2萬9400噸激增到二〇一一年的28萬6000（估計值）噸，菲律賓也因此迅速成為那一年的世界最大生產國（見表2.25）。然而，該國政府從二〇一二年起對新採礦專案設限，而且採礦業者上繳給政府的權利金可能會調高，因此菲律賓產出能否進一步增加，目前仍難以論定。

印尼是世界上第三大生產國，而且和菲律賓一樣，它也是非

表2.24　主要鎳生產企業，二〇一一年

企業	國家	產出，千噸
諾瑞爾斯柯鎳業	俄羅斯	286
淡水河谷	巴西	206
金川集團	中國	127
斯特拉塔	瑞士	106
必和必拓	澳洲	83
住友金屬礦業	日本	65
法興特殊鋼	法國	54
英美礦業	英國	48
雪瑞特國際	加拿大	35
密納羅資源	澳洲	30

表2.25　鎳礦（或粗鎳）生產

	一九九五年		二〇〇三年		二〇一一年	
	千噸	總數的 %	千噸	總數的 %	千噸	總數的 %
菲律賓	17	1.8	20	1.5	286	15.6
俄羅斯	224	23.0	301	22.8	286	15.6
印尼	87	8.9	158	12.0	227	12.4
加拿大	182	18.7	163	12.4	220	12.0
澳洲	99	10.1	191	14.5	212	11.6
新喀里多尼亞	120	12.3	112	8.5	131	7.1
其他	244	25.2	375	28.4	469	25.7
合計	973		1,320		1,831	

資料來源：國際鎳研究組織（International Nickel Study Group）、世界金屬統計局

常重要的出口國。印尼的多數鎳精礦都用來外銷，不過，鎳鐵是阿尼卡坦邦公司（Aneka Tambang）在本地生產，該公司生產多種金屬，原本是政府成立的國有企業，但目前已局部民營化。政府目前積極鼓勵業者在國內加工，而為了達到這個目的，它已宣布將從二〇一四年禁止鎳礦砂出口。

　　加拿大是另一個重要的鎳礦來源，它出口高比重的鎳冰銅（來自冶煉廠）和部分鎳精礦，以便到海外進行精煉業務，所以加拿大的精煉鎳產量占比反而是降低的。加拿大的產量主要來自巴西的淡水河谷公司（Vale）和瑞士的斯特拉塔公司。二〇〇九年時，由於鎳價崩盤，所以其產量幾乎減半，雖然事後產出逐漸回升，但勞工抗爭卻又對產量造成了限制。

　　近幾年澳洲的礦區產出迅速擴張，二〇〇八年便達到20萬噸，不過那一年稍晚，價格的崩跌迫使某些高成本礦區暫停作

業。然而隨著鎳價回升，產出也漸漸復原，使得二〇一一年的產量最後達到21萬2000噸的歷史新高點。必和必拓（澳洲）是該國最具支配力量的生產商。一直到一九九〇年代，位於澳洲東部的新喀里多尼亞（法屬）礦區產出都比澳洲多。它的產量在一九九七年達到高峰13萬6500噸，但後來便大幅下滑。從那時開始，大量的投資（尤其是淡水河谷公司在高羅〔Goro〕和斯特拉塔公司在康尼安伯〔Koniambo〕的投資）讓產出明顯提升，只是，二〇一一年的產量還是低於一九九七年。二〇一二年間，技術層面的問題導致高羅地區的產出受創，而且由於鎳價低迷，所以外界對當地礦區的生存能力也產生疑慮。另外，地方團體的反對不僅導致這些專案的開發延宕，生產成本也因此顯著提高。

精煉及次級供給

中國的鎳礦礦床分布在非常難以開採的地理區域，不過，它並未因此停止增加礦區產出和加工量，主要原因是中國希望降低國內不銹鋼製造業者對進口精煉鎳的依賴。中國鎳製品（包括鎳鉻生鐵中的鎳含量）的產量在二〇〇八年大幅下滑，不過隨後很快就又強勁回升，在二〇一一年達到48萬噸的歷史新高（或接近全球產量的30%，見表2.26）。

鋼鐵製造商最偏好的原鎳原料是鎳鐵，不過它們也有很大一部分的鎳需求是靠廢鎳（次級鎳）滿足，換言之，它們會同時使用鎳鐵和廢鎳。廢鎳多半都是含鎳的鋼，尤其是中間鋼鐵產品和半成品的下腳料（又稱「新廢料」）。

廢鎳是原鎳的替代品，所以廢鎳供給量會導致原鎳需求的波

表2.26　主要精煉鎳生產國

	千噸	總數的 %	千噸	總數的 %
中國	50	4.3	480	28.9
俄羅斯	248	21.5	260	15.7
日本	151	13.1	157	9.4
加拿大	141	12.2	142	8.6
澳洲	128	11.1	117	7.1
歐盟	119	10.3	110	6.6
挪威	68	5.9	92	5.6
其他	250	21.6	301	18.1
合計	1,155		1,661	

資料來源：世界金屬統計局

動性加大。下腳料的可取得性取決於前一段時間的煉鋼廠產出量及金屬加工廠的生產能力。當銷售量減少導致金屬加工廠的作業活動降低——進而使得不銹鋼的產出減少——下腳料供給量（來自先前較高水準的作業活動）相對鎳的需求量就會比較高。而當經濟漸漸走出衰退，加工作業及不銹鋼廠的產出上升，下腳料供給量相對需求量就會比較低。

　　美國和英國是不銹鋼半製成品（如熱軋鋼捲、小鋼胚和鋼條）的淨進口國，所以它們產生的廢鎳（下腳料）噸數非常多，也因如此，估計它們的鋼鐵製造業使用的廢鎳百分比較高。新興鋼鐵生產國如中國，較易於缺乏廢鎳。因此一旦它們對世界產出成長的貢獻度較高時——一如中國這幾年的情況——用於不銹鋼生產所使用的原鎳的百分比就容易偏高。

鎳的市場

倫敦金屬交易所是從一九七九年年底開始交易現貨鎳及三個月電解鎳（nickel cathode）的合約，在這之前，多數鎳供給者是根據英可公司（Inco，加拿大的礦業公司，目前隸屬淡水河谷公司）的公開報價來設定銷售合約價格。西方國家的鎳生產者原本反對LME進行鎳交易，一開始還試圖完全不參考LME的價格，逕自訂定合約價，不過，漸漸的，它們還是將LME價格視為最基本的參考點。

不過，生產者目前還是會針對特殊型態的產品另行報價，同時會為常客提供一些能緩和LME短期價格波動的價格公式。然而，這些公式通常都還是參考LME價格，而且儘管廢鎳和鎳鐵都沒有在LME交易，但生產者在為廢鎳和鎳鐵定價時，還是會融入LME價格要素。儘管特定合約內所擬的價格可能不是明確根據LME價格敲定，但如果參與交易的各方無法就價格達成共識，最後還是會仰賴LME價格連動公式來解決定價問題。

價格趨勢

從二〇〇四年至〇五年以來，鎳價就一直像雲霄飛車一樣（見圖2.15）急速漲跌，而鋼鐵產業廣泛使用廢鎳以及中國使用鎳生鐵（主要原因）等事實，讓鎳市場的供需動態變得更加複雜。二〇〇五年年初，由於消費（以中國為主）遽增，價格也開始快速上漲。這時，投機者也來湊熱鬧，一起跟隨這個強烈需求潮流，結果，當然讓漲價情況變得更誇張。不過，價格泡沫漸漸

圖2.15　鎳庫存及價格

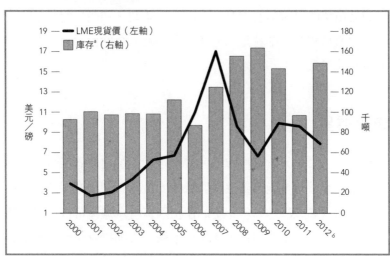

a 商業庫存總提報數字，期末；b 經濟學人智庫估計
資料來源：倫敦金屬交易所、世界金屬統計局

促使廠商轉用鎳生鐵，而這也成為後來鎳價重挫的重要因素。早在二〇〇八年下半年各地金融市場普遍崩盤以前，鎳價其實已經先跌了一大段。

　　金融危機對鎳價產生了雙重影響：流動性緊縮導致投機性基金的運作空間受限，並迫使某些投機者將手上持有的金屬部位出清，這導致LME現貨價大跌。另一方面，金融危機對實質經濟的負面影響也使得現貨需求降低，因此而過剩的庫存讓價格進一步下跌。

　　不過，二〇〇九年第一季創下低點後，鎳價便開始回升，由於供給中斷，二〇一〇年的價格顯得特別強勢：勞工抗爭導致淡水河谷公司的加拿大分支機構及必和必拓的西澳工廠產出大幅降

低。不過，從那時開始，鎳價再次下跌，之後就大致上跟著原物料商品市場的投資信心波動。二〇一二年時，鎳價相對其他基本金屬的價格弱勢，部分是由於庫存增加及未來的供給可能會變得非常充沛所致。

未來展望

- 二〇一二年大致維持疲弱的價格，加上勞工及能源成本的普遍上漲，有可能導致鎳礦開採業的投資意願降低。然而，很多人認為二〇一二年年中的價格還算符合礦區可行性研究結果，故預期除非價格繼續長期下跌，否則投資和產出應不會大規模崩潰。

- 儘管未來消費量難免還是會出現循環性低點及高點，但預期可望維持整體成長的趨勢，因為不銹鋼是都市化及工業化的要角，而預期開發中國家將維持都市化及工業化的趨勢。

- 印尼政府已宣布將從二〇一四年起禁止鎳礦砂出口，同時計畫發展國內的加工業務。這個禁令對平日進口礦砂並於本國進行精煉作業的國家（尤其是中國，歐盟亦然）意義重大。然而，這項禁令可能不會全面實施，因為印尼目前並沒有足夠的冶煉產能可以處理原本直接出口的礦砂。

- 中國的不鏽鋼產業展望大致平衡。儘管透過鎳生鐵的使用（當鎳價高漲時）而獲得了競爭優勢，但目前中國卻面臨了全球需求成長疲弱（國內需求也降低）及競爭力流失的窘境，更糟的是，新產能還是將會陸續到位。

錫

　　錫是人類最早懂得使用的金屬之一。早在青銅器時代，人類就把錫加到銅裡，用來製作青銅器。加入錫以後的銅會變得更堅固，而且較容易鑄造。錫的熔點低，延展性佳，抗腐蝕且能輕易和其他金屬熔合。錫也沒有毒性，而且很容易回收，這些特質已經變得愈來愈重要。然而，目前錫的供給主要還是來自採礦作業及含錫礦砂的精煉作業。

採集、加工及礦藏

　　原生（堅硬的岩石）礦床大約占總礦藏的30%左右，可以用露天或地下化的方式來開採，尤其是在秘魯、巴西、玻利維亞和澳洲。開採出來的礦砂會被送到加工廠進行碾碎、研磨及濃縮等處置作業。次生礦床（即砂礦床）主要是原生礦床被風化及侵蝕後形成，大約占世界錫礦藏的70%，而且主要是存在河床的沖積物、山谷和接近岸邊的海底。世界上多數砂礦床是在東亞及東南亞所謂的錫生產帶發現的，這個地帶從中國一直延伸到印尼，沿途經過泰國、緬甸和馬來西亞。這種露天開採（容易取得）的特質顯示，東南亞有非常多小型且通常屬於家族式的營運單位，尤

其是印尼。

　　目前錫礦的開採主要是集中在亞洲和南美洲。四個國家——中國、印尼、秘魯和玻利維亞——占二〇一一年全球總產出的85%。已知的礦藏集中在東南亞、南美洲、中國和俄羅斯（見圖2.16）。

　　生產精煉錫時，必須先將錫精礦置入高爐中，以1250°C加熱，才能煉出金屬，接著，將熔化後的錫和廢品分離，並將之鑄為錫錠。冶煉後所產出的粗錫會再經過精煉的過程，以便去除剩餘的金屬雜質。

圖2.16　錫礦藏，二〇一一年

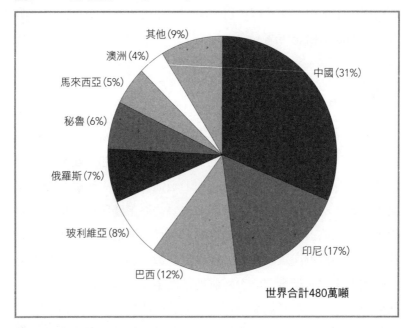

其他（9%）
澳洲（4%）
馬來西亞（5%）
秘魯（6%）
俄羅斯（7%）
玻利維亞（8%）
巴西（12%）
中國（31%）
印尼（17%）
世界合計480萬噸

資料來源：美國地質調查局

產品與用途

　　錫的主要用途是焊料合金，這種合金廣泛被用來將各種零組件黏合在電子設備及電器用品的印刷電路板上，而且也用來接合自來水工程用的水管。根據國際錫研究協會（International Tin Research Institute，簡稱ITRI）估計，焊料合金生產所使用的錫，接近二〇一一年錫全球消費量的52%（見表2.27），而這項產品在電子產業的用途也意味，焊料合金用錫占亞洲錫消費量的百分比非常高。不過，近幾年焊料合金占錫消費的百分比降低，可能是因為電子產業的成長趨緩，或商品製造過程中使用的焊料減少。各國立法機構在二〇〇〇年代中期力推逐步停止鉛在焊料的使用後，錫的消費一度顯著增加，不過由鉛轉為錫的轉換過程已多半完成。

　　錫的次要用途是生產鍍錫薄板（一種冷軋鋼板，上面電鍍一層薄薄的錫）。根據ITRI的統計，這項產品大約占世界錫用量的

表2.27　錫的最終用途，二〇一一年

	噸	總數的%
焊劑	185,600	51.63
鍍錫薄板	59,400	16.52
化學	55,500	15.44
黃銅及青銅	17,500	4.87
平板玻璃	7,200	2.00
其他	34,300	9.54
合計	359,500	

資料來源：國際錫研究協會

16%，而且近幾年來，這個比例一直很穩定。不過，二〇〇九年鍍錫薄板占錫總消費量的比例短暫上升，原因是全球經濟衰退導致電子製造業的錫需求量降低。鍍錫薄板主要是用在食品包裝、飲料罐和其他容器，不過，在飲料罐的用途上，錫正漸漸被鋁取代，而在高價食品和部分飲料產品的包裝用途上，它則是漸漸被玻璃取代，另外，錫在各式各樣產品如冷藏食品和顏料方面的用途也漸漸被塑膠取代。繼續使用鍍錫薄板的製造業者為了降低成本，更是不斷試驗較薄的規格。儘管鍍錫薄板的生產商不斷以創新產品和強調錫可回收的特質等方式來因應競爭，但估計鍍錫薄板還是難敵其他金屬的競爭，市占率將繼續江河日下。

　　化學產業是錫的第三大消費者，而且這個產業的市場占有率正逐漸提高，該產業的錫消費量約占二〇一一年全球總消費量的15%。錫被用來製造有機及無機化學品，如聚氯乙烯（PVC）、矽氧樹脂（其中，錫通常是用來作為催化劑）、聚氨酯發泡材和陶瓷顏料。然而，以上某些應用正面臨法令上的威脅——某些法律規定要逐漸減少重金屬（包括錫）的使用。

　　青銅是錫的第四大最終用途，大約占錫全球總消費量的5%左右，接下來是平板玻璃，大約占2%。錫的潛在新應用包括可充電電池上的用途，而它的另一個潛在的重要新應用可能是鎳－錫－鋁催化劑，用於產生燃料電池所需要使用的氧，這項用途的競爭替代品是鉑金。

消費與貿易
區域趨勢

　　由於歐盟限制以鉛作為焊劑、電子產業（主要是亞洲地區的電子業）迅速成長，及很多高人口密度的開發中國家（主要是中國）整體經濟快速發展等，促使錫的用量從一九九七年的24萬3000噸大幅增加到二〇〇六年的37萬3000噸高峰水準。然而，由於無鉛焊劑的轉換接近尾聲，加上鍍錫薄板的價格過高導致包裝替代材料興起，所以錫的消費量也從二〇〇七年開始下降。二〇〇八年及二〇〇九年的消費量持續降低，但因消費者重新囤積庫存，全球經濟也漸漸走出衰退，故二〇一〇年的消費量又恢復成長，年增率達16.1%。不過，從那時開始，錫的消費量大致上維持停滯。

　　中國在二〇〇三年取代歐盟，成為世界最大錫消費國，而且到二〇一一年時，中國占錫全球總消費量的比重已上升到43%（見表2.28）。儘管中國也是世界最大錫生產國，但它現在卻還是需要進口，因為國內供給量跟不上需求的成長。其他亞洲國家——尤其是日本、南韓和台灣——也是大型的錫消費國，不過，這幾國過去幾年的消費力逐漸減弱，部分可能是反映當地企業將生產基地遷往其他較廉價的國家。

　　西方工業國家的錫消費量呈現長期下滑的趨勢，主要原因是電子製造業及其他用錫產業移往較低成本的國家。無鉛焊劑的轉換一度讓歐盟的錫消費量在二〇〇六年至〇七年上升到最高峰，但從那時開始便漸漸下降。儘管如此，歐盟依舊是世界第二大錫市場，大約占二〇一一年世界總消費量的17.4%。

表2.28主要錫消費國

	一九九七年		二〇〇五年		二〇一一年	
	千噸	總數的%	千噸	總數的%	千噸	總數的%
中國	38	15.7	116	33.5	154	42.8
歐盟	65	26.6	62	17.9	63	17.4
美國	47	19.4	42	12.3	32	8.9
日本	28	11.6	33	9.6	30	8.3
南韓	12	4.8	18	5.2	14	4.0
台灣	10	4.0	14	3.9	8	2.3
巴西	5	1.9	6	1.7	6	1.6
俄羅斯	5	1.9	3	0.8	3	0.8
其他	35	14.2	52	15.1	51	14.0
合計	244		345		360	

資料來源：世界金屬統計局

貿易

　　從二〇〇二年取代中國以來，印尼一直是世界上最大的錫金屬出口國，它的出口貿易主要是透過新加坡進行（見表2.29）。

　　秘魯的精煉錫出口從一九九六年的完全沒有出口，成長到二〇〇七年的3萬9400噸新高量，也因如此，秘魯成為世界上第二大出口國，主要市場為美國；不過，從那時開始，它的出口量便逐年下降。另外，中國的出口量在在二〇〇〇年達到6萬2400噸的高峰（約當全世界產出的23%）後便穩定下降，目前中國已是錫的淨進口國。精煉錫的前四大進口市場分別是美國、日本、中國和德國，合計約占二〇一一年全球總進口量的36%。

表2.29　主要出口國及進口國

	出口	千噸		進口	千噸
	二〇〇一年	二〇一一年		二〇〇一年	二〇一一年
印尼	43.4	97.4	美國	43.3	33.7
馬來西亞	26.8	42.3	日本	21.5	26.7
新加坡	38.9	37.0	中國	2.8	22.2
玻利維亞	11.1	14.6	德國	24.0	21.1
中國	45.8	1.2	南韓	13.0	14.5
秘魯	25.1	1.0	法國	8.6	5.3

資料來源：世界金屬統計局

產量及庫存
礦區產量

　　二〇一一年時，中國和印尼合計約占錫礦總產出的73%，但根據世界金屬統計局的資料，這兩國的那一年產出分別減少1.7%和7.1%（見表2.30）。在亞洲以外地區，其他重要生產區域位於南美洲，尤其是秘魯和玻利維亞，巴西也有一點，但數量少於前兩國。非洲也有開採少量的錫，尤其是剛果民主共和國，盧安達和蒲隆地也有。原本當地很多開採作業並不合法，而且通常是在非常危險的狀況下進行。不過，非洲各地陸續爭取採礦的合法化，而且也爭取改善所謂「衝突」礦物的採礦監督作業，到二〇一一年年底時，東非及中非很多採礦區域的主管機關已同意改善透明度。澳洲的錫生產量也持續增加，而且還有很多專案即將投產，另外，也有愈來愈多已開發國家將重新開啟或開啟更多錫礦，包括英國及德國。

表2.30　錫的礦區產量

	一九九七年		二〇〇三年		二〇一一年	
	千噸	總數的 %	千噸	總數的 %	千噸	總數的 %
中國	68	30.5	102	40.0	127	42.4
印尼	55	24.9	64	25.1	78	25.9
秘魯	28	12.7	40	15.8	29	9.7
玻利維亞	13	5.8	16	6.4	20	6.8
巴西	19	8.6	12	4.8	10	3.2
其他	38	17.4	20	7.9	37	12.0
合計	221		255		301	

資料來源：世界金屬統計局、國際錫研究協會

　　二〇〇三年至〇五年間，礦區產出強勁成長，年度平均成長率為 11.7%，主要成長力量來自印尼，它二〇〇五年的產出已大約和中國相等。然而，二〇〇五年以後，全球礦區產出因幾個理由而停滯，包括二〇〇六年時印尼政府關閉無照採礦作業，二〇〇七年秘魯發生大地震、玻利維亞礦區罷工（尤其是二〇〇七年），及印尼的勞工抗爭等，而印尼的企業在開採礦砂時，也遭遇愈來愈多的困難：它們必須挖得更深，成本當然也就愈高。此外，亞洲和南美洲環境遊說團體的勢力愈來愈強大，所以採礦執照也愈來愈難取得。

　　對外國採礦公司來說，很多生產國——包括印尼、秘魯和玻利維亞——的商業營運環境隱含了高度的不確定性，因為這些國家的政府經常威脅要提高權利金、將部分或全部營運國有化，或實施出口稅或配額等。另外，採礦業也面臨其他限制，包括勞動市場的問題——像是採礦工程師短缺及採礦勞工工會活動增加等。

精煉及次級供給

　　錫冶煉業的集中度遠比其採礦業高。世界四大冶煉集團的年產出超過3萬噸，約占二〇一一年全球精煉錫總產量的47%。中國是世界上最大的精煉錫生產國，約占二〇一一年世界產出的45.5%（見表2.31）。中國多數冶煉廠位於湖南和廣西省的錫礦區，而且，很多廠的營運規模都不大。位於湖南省的湖南錫業公司是中國（也是世界）最大生產商，二〇一一年的產出是5萬6174噸（見表2.32）。ITRI估計，次級錫約占二〇一〇年中國精煉錫總產量（15萬5000噸）的30%，廣東省目前是最重要的錫回收省分。

　　印尼的精煉錫產量僅次於中國，從一九九〇年代初期以來，它的產量已增加一倍以上。國營的錫業集團公司（PT Timah）是印尼最大生產商，它大約有300個沙礫層幫浦採礦單位，分別由

表2.31　主要精煉錫生產國

	一九九七年		二〇〇三年		二〇一一年	
	千噸	總數的%	千噸	總數的%	千噸	總數的%
中國	68	28.4	98	35.8	160	45.5
印尼	53	22.1	63	22.8	55	15.7
南美洲[a]	42	17.5	59	21.6	52	14.8
馬來西亞	38	16.1	18	6.7	40	11.4
其他	38	15.8	36	13.2	44	12.5
合計	238		274		352	

a 玻利維亞、巴西、秘魯與墨西哥
資料來源：世界金屬統計局

表 2.32　二〇一一年主要錫生產企業

公司	國家	產出，噸
雲南錫業	中國	56,174
馬來西亞冶煉公司	馬來西亞	40,267
印尼錫業公司	印尼	38,142
明蘇爾公司	秘魯	30,205
泰薩科公司	泰國	23,864
雲南乘風有色金屬公司	中國	15,430
廣西華錫集團	中國	15,375
玻利維亞錫業公司	玻利維亞	10,960
金屬化學公司	比利時	10,007
個舊市自立礦冶公司	中國	8,600

資料來源：CRU 集團

民間的轉包商營運，另外，它也擁有約 20 艘境外採砂船。直至二〇一二年以前，印尼錫業公司（出資 25%）和馬來西亞冶煉公司（Malaysia Smelting Corporation，簡稱 MSC，出資 75%）合資成立的科巴錫業公司（PT Koba）是印尼第二大生產商，不過，那一年該公司很多業務主因錫價下跌、獲利能力降低而停擺。近幾年來，大約有 30 個小型獨立冶煉廠因錫價走高和錫精礦取得容易等因素而陸續展開營運，它們的總年產能約 6 萬噸，其中多數產出是需要進一步精煉的粗錫。

　　馬來西亞和泰國也是精煉錫的重要生產者，不過，由於精煉產能遠遠超過地方的採礦能力，所以 MSC 和泰薩科公司（Thaisarco）都仰賴進口錫精礦，主要是從印尼進口。

　　秘魯是精煉錫的第三大生產國。該國最大單一生產商明蘇爾公司（Minsur）的產量從一九九六年的不到 1000 噸，增加到二

○○五年的約4萬2100噸高峰，但隨後便反映礦區產出的問題而開始下滑。

ITRI估計錫的回收投入率不到32%。

錫的市場

錫價取決於倫敦金屬交易所，該交易所的錫期貨交易價被當作全球的參考價。錫生產商和顧客通常是根據LME的價格來達成商業協議。LME的多數（超過95%）錫庫存是存放在新加坡及馬來西亞。

由於需求大幅降低，錫的庫存量在二○○九年達到高峰後，二○一○年至一二年便因市場走下坡而降低，而印尼的產出量也因錫價下跌而減少。此外，如果不是因倉庫後勤處理速度經常延宕而導致錫庫存不容易取出，整體庫存量有可能還會進一步下降。

吉隆坡錫市（Kuala Lumpur Tin Market，簡稱KLTM）是重要的交易場所，不過，二○一二年年初時，印尼也在印尼股票交易所推出了自己的錫參考價，只是，目前還難論定這個參考價能否成為國際公認的標竿價格。

價格趨勢

以成交量的角度來說，錫市場是非鐵金屬市場中最小的市場，它的交易清淡，尤其和銅及石油價格比較起來特別明顯，而清淡的交易也讓價格波動加劇。一九八五年時，原本意圖達到管

理價格目的的國際錫礦協議（International Tin Agreement，支持
外銷管制的生產國彼此所達成的庫存緩衝協議）瓦解，導致大量
錫被釋出到市場上，價格也隨即重挫。一九八○年代末期短暫反
彈後，整個一九九○年代的錫價都在每噸5200美元至6200美元
（每磅2.36美元至2.81美元）間波動。二○○○年代初期，錫價
因印尼的供給增加而受到壓抑，後來由於需求強勁成長、供給面
問題和整體原物料商品整體進入多頭走勢，錫價又迅速上漲。

　　全球經濟衰退導致錫價快速下跌，不過，後來又見回升（見
圖2.17）。然而，二○一一年八月和九月間，投資人又因為憂心
全球經濟前景而賣出原物料商品，連帶促使錫價再次下跌，而且
跌得特別凶。二○一一年九月。印度25個登記有案的錫出口商因

圖2.17　錫庫存與價格

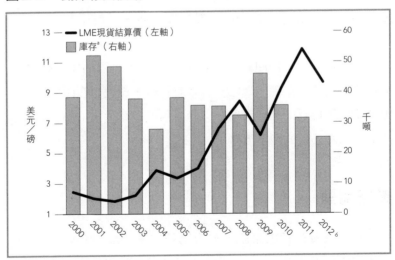

a 商業結算庫存總提報數；b 經濟學人智庫估計
資料來源：倫敦金屬交易所、世界金屬統計局

價格疲軟而實施出口禁運，然而，這個舉措並未對市場造成明顯
影響，所以，到同年十二月時，由於生產商面臨無力償付負債的
窘境，故而紛紛恢復出口。二〇一二年一整年，錫價大致都維持
弱勢，年度平均價格下跌19%，但因庫存部位不高，所以多少對
價格形成了一點支撐。

未來展望

- 低庫存和礦區供給所面臨的種種困難意味一旦消費成長力量
  提升，錫價有可能會強勁上揚。
- 由於中國的電子產業開始以提高生產附加價值為目標，故它
  對錫的需求有可能強勁增加。中國加工食品的消費也可能大
  幅成長，屆時將需要更多鍍錫薄板包裝材料。
- 錫礦開採作業集中度非常高，讓市場極端容易受供給短缺所
  傷。就中期來說，供給來源可能會漸趨分散，尤其是來自投
  資風險較低的已開發國家。
- 隨著容易開採的厚鬆散層礦逐漸耗竭，企業必須朝更深的地
  底礦區挖掘，所以未來錫礦開採作業的平均成本勢將上升
  （並對錫價造成影響）。

鋅

　　鋅是一種存在於地殼的藍灰色金屬，不過，空氣、水和土壤裡也含有這種元素。它的特質包括抗腐蝕、低熔點，而且是良好的熱及電傳導體。鋅也是對人體不可或缺的一種礦物質，從濃縮紅血球裡便可發現鋅的存在，它有助於免疫系統功能的正常運作。

採集、加工及礦藏

　　鋅通常是和很多其他金屬同時開採，包括鉛、白銀、銅和黃金，不過，和黃金同時開採的情況較少見。大約有80%的鋅礦產是自地底下挖掘而來，10%是露天礦，而剩下的則是這兩者的結合。以產量來說，大型露天礦的產量占總產量的15%，地下礦區的產量占65%，而綜合礦區的產量占20%。根據美國地質調查局的估計，已知礦藏量為25萬噸，澳洲和中國的蘊藏量尤其多（見圖2.18）。然而，美國地質調查局估計，全球經鑑定無誤的鋅資源高達19億噸。

　　典型的鋅礦石只含有5%至15%的鋅，所以需要經過濃縮的過程，讓鋅含量提高到55%左右。鋅精礦也包含25%至30%的硫，所以，在冶煉鋅前，還必須先藉由燒烤（燒結）的方式去除

圖2.18　鋅礦藏，二〇一一年

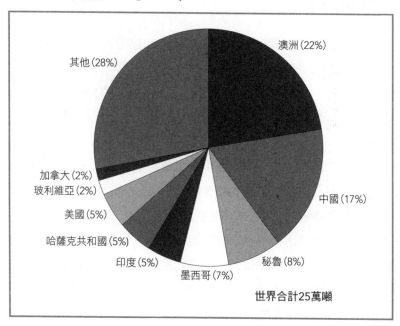

資料來源：美國地質調查局

硫。到目前為止，濕法冶煉流程（hydrometallurgical，簡稱HP）
是最重要的生產流程，約占總產出的90%。這個流程是以一個滲
濾流程將鋅和其他金屬分離。接著，再將鋅溶液加以電解，以生
產鋅金屬。

　　帝國冶煉流程（imperial smelting process，簡稱ISP，譯注：一
種鼓風爐法）常被用來處理含有高鉛含量的鋅精礦。然而，這個方
法會耗用大量能源，高電力成本及低產出率導致很多ISP作業廠
關閉。而且藉由ISP法生產的鋅金屬等級相對比以HP法生產出來
的鋅低。

產品與用途

鋅主要是用在鍍鋅、壓鑄和銅器（和銅熔合），這些用途占總用量的80%。到目前為止，鍍鋅是最大的市場（根據國際鉛及鋅研究組織的估計，這個項目約占全球鋅用量的50%），就用量來說，它也是成長最快的。鋅也用在電池、化學和橡膠等領域，但用量並不多。

鍍鋅的過程是將一層薄薄的鋅裹覆在鋼鐵外表，這樣一旦產生腐蝕情況，鋼鐵就不會直接受影響，所以，這個程序能顯著延長鋼鐵的壽命。通常鍍鋅時會使用純鋅。鍍鋅鋼板可以上漆，而且上過漆的鍍鋅鋼板會更加抗腐蝕，同時更美觀。近年來因技術持續推進，所以即使是預先上過漆的鍍鋅鋼板，也能在不損及表面的情況下順利完成加工，這讓鋅在白色家電（包括電冰箱、冷凍櫃和洗衣機）方面的用量增加。

另外，由於人類對汽車耐久度的要求提高，汽車產業的鍍鋅鋼板用量也明顯增加，這項產品可用來製作汽車的車體。以鍍鋅鋼板來製作汽車車體的發展對汽車製造商來說可謂一大福音，因為它既能滿足消費者的要求──汽車車體最好能長期耐腐蝕──又具成本效益。

建築業是鍍鋅鋼板（占鋅總用量的45%）的最大消費者，大約占了一半的市場。運輸業大約占了25%，消費品及家電產品占23%，一般工程大約占7%。

銅器和壓鑄（例如衛浴設備和辦公室設備）用途合計約占鋅消費量的30%，但在這兩個用途，鋅也面臨替代品的強大壓力，尤其是較輕（甚至較便宜）材料如塑膠和鋁的競爭。

消費與貿易
區域趨勢

　　在二〇〇一至一一年間，鋅的平均年度消費成長率為3.3%，消費量從二〇〇一年的890萬噸增加到二〇一一年的1280萬噸（見表2.33）。在這十年剛展開時，中國在鋅市場裡並不具備支配力量，因為當時已開發國家鍍鋅鋼板的產量還相當高。然而，由於全球金融危機導致已開發國家的很多鋼鐵產能永久關閉，中國的市占率因此提升，其消費占二〇一一年全球鋅總消費量的43%。中國消費量的快速成長主要是受鍍鋅產業及電池產業的用鋅量驅動。

　　歐盟的鋅消費量在二〇〇四年被中國超越，不過，該地區二

表2.33　主要鋅消費國

	二〇〇一年		二〇一一年	
	千噸	總數的 %	千噸	總數的 %
中國	1,500	16.8	5,468	42.9
歐盟	2,466	27.6	2,205	17.3
美國	1,179	13.2	923	7.2
南韓	401	4.5	531	4.2
印度	286	3.2	544	4.3
日本	633	7.1	501	3.9
巴西	198	2.2	237	1.9
台灣	276	3.1	221	1.7
其他	1,980	22.2	2,128	16.7
合計	8,919		12,758	

資料來源：國際鉛及鋅研究組織、世界金屬統計局

○一一年的消費量占比仍達17.3%，而且歐洲到目前為止仍是鍍
鋅鋼鐵的淨出口國。美國占總消費量的比例相對較小（二○一一
年為7%），因為它的鋼鐵產業無法滿足國內對鍍鋅鋼鐵的需求，
所以，美國是鍍鋅鋼鐵的淨進口國。

貿易

　　由於鋅的多數精煉作業都和鋅礦開採位置有一段距離，所以
鋅精礦的貿易量很大。諸如日本、南韓及部分西歐國家的冶煉廠
所需的鋅精礦，幾乎全部仰賴進口。儘管中國是世界最大的鋅礦
開採國，但還是必須進口鋅精礦。

　　多數鋅精礦是根據長期合約來交易，不過，買賣雙方會在品
質和價格方面保留某種程度的彈性。這樣的安排等於是讓礦區的
產量得到一個保障出路，但也讓冶煉廠得以確保特定混合精礦的
取得，從而妥善安排它們的冶煉作業。然而，對採礦業者和冶煉
業者來說，鋅精礦的現貨交易還是很重要。從二○○○年開始，
中國鋅精礦進口的持續增加，更讓現貨市場的重要性日益提升。

　　精煉鋅的貿易多半屬於區域內的活動。到目前為止，美國是
鋅金屬的最大進口國（見表2.34），但加拿大（世界最大出口國）
足以應付它的大部分需求。相似的，很多歐洲國家高度仰賴進
口，尤其是德國、義大利和荷蘭，不過，這個區域裡也有很多重
要的出口國，主要是比利時、芬蘭和西班牙。精煉鋅的其他重要
出口國包括南韓、哈薩克共和國、印度和秘魯。

表2.34　主要進口國及出口國，二○一一年

	出口			進口	
	千噸	總數的%		千噸	總數的%
加拿大	482.5	11.1	美國	672.7	15.6
秘魯	386.5	8.9	德國	394.0	9.1
南韓	375.7	8.7	中國	347.8	8.1
西班牙	351.4	8.1	荷蘭	273.4	6.3
哈薩克共和國	344.4	7.9	義大利	244.6	5.7

資料來源：世界金屬統計局

產量及庫存
礦區產量

　　雖然只有少數幾個國家有能力支配鋅礦的產出，但世界上還是有非常多國家有很多小型的鋅礦生產商，其他基本金屬比較少見這種情況。部分原因在於鋅礦通常是隨著銅礦開採的作業而被採集出來，有時候則是從鉛、鋅兼具的礦區開採出來。二○一一年時，全球四大生產國——澳洲、中國、秘魯和美國——約占總礦區產出的62%，這比一九九七年的50%左右高很多（見表2.35）。會如此顯著增加的原因是，中國過去十五年的產量增加了156%，秘魯和澳洲的產出也分別提高了44.7%和56%。這三國產出的增加量遠遠超過美國在同一期間減少的9%產量。

　　儘管斯特拉塔公司（瑞士）位於加拿大布朗思維克（Brunswick）及波賽弗蘭斯（Perseverance）的礦區，及英國企業維丹塔公司（Vedanta）位於愛爾蘭的利希恩（Lisheen）礦區都在眾人矚目的情況下黯然關閉，但預期未來礦區產出還是會繼續

表2.35   鋅的礦區產量

	一九九七年		二○○四年		二○一一年	
	千噸	總數的 %	千噸	總數的 %	千噸	總數的 %
中國	1,210	16.5	2,391	24.6	4,308	33.8
秘魯	972	13.2	1,298	13.3	1,516	11.9
澳洲	868	11.8	1,209	12.4	1,256	9.8
歐洲	595	8.1	1,006	10.3	1,117	8.8
印度	137	1.9	340	3.5	830	6.5
美國	632	8.6	739	7.6	771	6.0
加拿大	1,077	14.7	791	8.1	612	4.8
墨西哥	379	5.2	426	4.4	603	4.7
其他	1,467	20.0	1,532	15.7	1,748	13.7
合計	7,337		9,732		12,762	

增加。澳洲的達格爾河（Dugald River）和雷迪羅瑞塔礦（Lady
Loretta），及印尼的戴瑞礦區（Dairi），都是即將開始運作的大型
新礦區，而且，帕科礦區（Perkoa，位於布吉納法索）、尼維斯
柯爾佛礦（Neves Corvo，位於葡萄牙）、拉洛湖（Lalor Lake，
位於加拿大）、基傑爾塔斯帝斯科礦（Kyzyl Tashtygskoe，位於俄
羅斯）和亞汀托普坎（Altintopkan，位於塔吉克共和國）也有一
些較小型的礦區。另外，預計現有的礦區也將會有額外產能開
出，包拓墨西哥的皮納斯基多礦（Penasquito）、美國的田納西礦
區、印度的蘭普拉－阿古查（Rampura-Agucha）及烏茲別克共和
國的坎迪薩（Khandiza）。主要的鋅礦開採公司是瑞士的葛蘭柯
爾公司（Glencore）、印度的鋅達斯坦鋅業公司（Hindustan
Zinc）、斯特拉塔公司、五礦澳洲公司（Minmetals Australia）和
加拿大的泰克資源公司（TeckResources）。

精煉及次級供給

　　冶煉作業通常是在接近市場的地點進行，而不是在礦區附近，而且，其集中度不像採礦業務那麼高。中國是當中唯一的例外，它的十大冶煉廠約占國內產量的50%。然而，即使是在中國，還是有很多中小型的冶煉廠，它們合計供應剩下的50%產出。

　　中國是世界上最大的精煉鋅生產國，大約占二〇一一年全球總產出的40%；第二大單一生產國是南韓，但它的產量僅占約6.9%（見表2.36）。有非常多冶煉產能位於歐洲，其中，西班牙是歐洲的最大生產國。

　　最近的一項重要發展是，印度的精煉鋅產量因鋅達斯坦鋅業公司（是英國的維丹塔資源公司所有）的擴充而顯著成長。印度

表2.36　主要精煉鋅生產國

	二〇〇一年		二〇一一年	
	千噸	總數的%	千噸	總數的%
中國	2,038	22.1	5,222	39.9
歐盟	2,278	24.7	2,041	15.6
南韓	508	7.2	828	6.3
印度	184	2.0	790	6.0
加拿大	661	5.5	662	5.1
日本	644	7.0	545	4.2
澳洲	556	6.0	517	3.9
美國	329	3.6	252	1.9
其他	2,209	24.0	3,028	23.1
合計	9,223		13,095	

資料來源：國際鉛及鋅研究組織、世界金屬統計局

是二〇一一年世界第三大生產國，產出從二〇〇二年的23.1萬噸
增加到二〇一一年的79萬噸。亞洲整體的產出占二〇一一年世界
總產出的61%，比二〇〇二年的44%大幅上升。

主要精煉鋅生產企業是尼爾史塔爾公司（Nyrstar，比利
時）、韓國鋅業集團（Korea Zinc Group，南韓）、鋅達斯坦鋅業
公司（印度）、沃多蘭堤姆公司（Votorantim，巴西）和波利登公
司（Boliden，瑞典）。

鋅業和鉛業不同，精煉鋅的次級（使用廢料）產量比次級鉛
少很多，儘管西方國家以外的產量數據非常不容易取得。粗估數
字顯示，次級鋅產出大約只占總精煉鋅產出的10%至15%。

鋅的市場

倫敦金屬交易所是鋅的主要期貨市場，另外，上海期貨交易
所及荷蘭、美國和新加坡等國的交易所也有鋅金屬的交易。世界
多數地區都以LME的定價作為精煉鋅及鋅精礦交易的標竿定
價。歐洲各地、新加坡、杜拜和美國各地都有LME的鋅倉庫。
LME特殊高級（special high grade，簡稱SHG）鋅合約的交易規
格是最低含量99.995%的鋅。期貨交易最長可交易未來二十七個
月的合約，而且也有選擇權的交易。

鋅精礦的合約加工處理費是由採礦業者和冶煉業者在每年第
一季共同協商出來的。採礦業者為加工精礦而支付的處理費，多
半是根據鋅精礦市場的供需決定。合約加工處理費是隨著某個共
同認定的參考價或基準價格波動，而實際的費用則會自動隨著
LME的價格變化進行調整。

價格趨勢

在二〇〇六年年底的LME金屬多頭市場中，鋅最先抵達高峰價格，當時它的現貨價達到每噸4620美元。導致鋅市場反轉的主要原因是，市場預期異常高的鋅價將促使生產者增加供給量。後來，供給量確實增加，這讓整個市場脫離二〇〇四年至〇六年間的結構性缺貨情勢，最初是在二〇〇七年達到接近供需均衡，但最後演變成更嚴重供給過剩。到二〇〇八年年底時，鋅市場的主要特色是：儘管庫存報告數字只是溫和增加，需求卻崩盤。

從二〇〇七年以後，鋅市場便一直處於供過於求的狀態，庫

圖2.19　鋅的庫存及價格

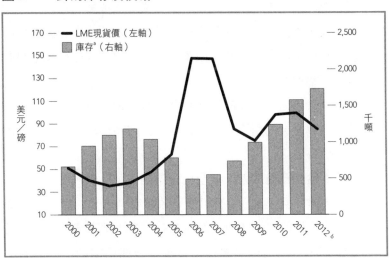

a　商業（LME、生產者、消費者、貿易商）庫存報告總數量，期末
b　經濟學人智庫估計
資料來源：倫敦金屬交易所、世界金屬統計局

存也節節上升。事實上，這段時間支撐鋅價的因素並不多，其中之一是中國持續建立策略性的鋅儲備。二〇一〇年，鋅價隨全球經濟走出衰退而強勁反彈，但後來又因庫存水準未見緊縮而失去繼續上漲的動能。

未來展望

- 鋅大量使用於建築產業的事實，意味鋅的消費嚴重受已開發國家二〇〇八年至〇九年經濟衰退的影響。事實上，從美國房地產需求崩潰（發生在二〇〇八年至〇九年金融危機爆發前），便可了解為何鋅早在二〇〇七年年初就率先下跌。後來很多南歐國家房地產市場跟著大幅下跌，加上杜拜及中國等熱門開發地點的成長趨緩，讓鋅價更加疲弱。進入二〇一二年後，美國房市出現初步復甦跡象，這個市場的後續發展及中國房地產和基礎建設政策變化，是攸關未來鋅價走勢的重要觀察點。

- 另一個必須密切追蹤的重要產業是汽車業。只不過，鍍鋅鋼板在汽車產業的用途漸漸被鋁取代，因為鋁的重量較輕、較節省燃料。

- 雖然供給面已見改善，但價格普遍偏低以及未來需求可能降低的風險（見上述），有可能導致鋅產業未來的投資活動降低。小規模的專案（目前鋅產業有很多小型專案）尤其容易受傷害，因為這些專案通常隸屬於一些產業地位較低的企業，而這些企業取得融資的能力向來很低。

第三部

能源

煤炭

　　煤炭是一種化石燃料，也就是一種碳氫化合物。它是史前植物在溫度和壓力等地質效應影響下，經過數億年才逐漸形成，形成過程和石油很類似，不過，煤炭的蘊藏量遠比石油多，而且更容易開採。幾千年來，煤炭向來被作為一種能源，古希臘、中國帝制時代以及羅馬帝國等時代，都可見到人類使用煤炭的跡證。然而到十八世紀及十九世紀的工業革命期間，煤炭被歐洲和美國用來做為蒸汽引擎和製鐵的動力，所以其產量及消費量都大幅增加。當時，它也被用在建築物取暖用途，而用煤炭製造的煤油和煤氣，則作為照明用途。直到一九五〇年代以前，煤炭一直都是世界上最主要的能源來源，但此後便開始被較乾淨、環保的石油及天然氣取代。

礦藏及類型，採集及用途

　　據〈英國石油二〇一二年世界能源統計評估〉（*BP Statistical Review of World Energy 2012*）的估計，二〇一一年全球的煤炭礦藏量是8610億噸，而根據國際能源總署（International Energy Agency，簡稱IEA）的估計，煤炭有大約1兆噸，而且地理分布

圖 3.1　煤炭礦藏，二〇一一年

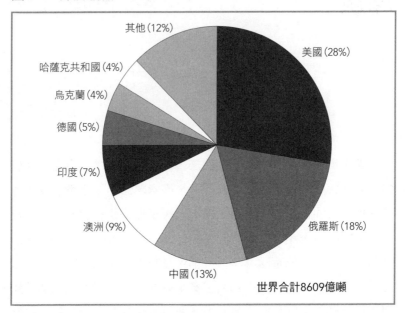

其他（12%）

哈薩克共和國（4%）

烏克蘭（4%）

德國（5%）

印度（7%）

澳洲（9%）

中國（13%）

美國（28%）

俄羅斯（18%）

世界合計8609億噸

資料來源：〈英國石油二〇一二年世界能源統計評估〉

相當廣泛。根據世界煤炭協會（World Coal Association）的估計，以目前的產量推算，世界上的煤炭礦藏量還夠人類使用118年。美國擁有世界最大礦藏量，其次是俄羅斯和中國。其他擁有大量礦藏的國家還包括澳洲、印度、哈薩克共和國、德國和烏克蘭。

「最老」的煤炭通常是碳含量最高的煤，所以也含有最多能源成分。煤炭可分為四大種類：無煙煤（約占總礦藏的1%，碳含量最高）、煙煤（大約占礦藏的50%）、次煙煤（大約占礦藏的30%）及碳含量最低的褐煤（大約占礦藏的19%）。

　　人類平常使用與交易的兩種主要煤炭是燃料煤和煉焦煤，前者主要用於發電用途，而後者主要用在鋼鐵產業。在製造水泥、製藥、化學和人造纖維等很多其他商品時，煤炭也扮演很重要的角色。

　　煤礦包括露天礦——即地表上的礦（40%）和地下礦（60%）。煤炭開採出來後，必須加以清潔或清洗，以便去除雜質或塵土；清洗過程的複雜度取決於煤炭的預定用途。短距離的煤炭運輸是採用道路運輸或輸送器，長途的運輸則是藉由火車或駁船來載運。由於煤炭是一種大宗原物料商品，所以海運是最經濟的運送方式。在某些情況下，業者會將煤炭和水混雜在一起，經由管路來運送。

　　煤炭主要是用來發電，根據國際能源總署的數據，二〇一一年經濟合作暨發展組織（OECD）國家的電力中，有34%是利用煤炭發電取得，而二〇一〇年非OECD國家的電力中，更有46.2%是以煤炭發電取得。除此之外，煤炭堪稱萬能，它還可加工為液體燃料、化學品或瓦斯。由於其他化石燃料存量有限、礦藏量較少，所以上述特質讓煤炭的重要性更加提升。

消費與貿易
區域趨勢

　　近幾年煤炭消費持續強勁成長，二〇〇二年至一一年間的年度平均成長率為5.2%。然而，世界各地的消費趨勢一直很分歧，歐盟和美國的消費量持續降低，開發中國家的消費量則強勁成長。由於煤炭容易取得且價格低（相較於其他能源燃料），所以

它是很多國家（包括印度和印尼）鄉村供電計畫的首選燃料。另外，建造與經營火力發電廠的成本也比較低。然而，如果煤炭需要進口，運輸成本就是一項重要的考量。

　　到目前為止，中國是世界上最大的煤炭消費國，大約占二〇一一年全球總消費量的48%（見表3.1），當年的成長率達9.7%。在中國的發電量中，大約有80%是透過煤炭發電。儘管中國也是世界上最大的煤炭生產國，但它從二〇〇七年起就成為燃料煤的淨進口國，二〇一一年更是世界上最大的進口國。二〇一二年前三季，中國的煤炭消費年增率已放緩到2.8%，估計全年的成長率也僅略高於3%，主要是反映經濟成長趨緩及水力發電產出增加。

表3.1　主要煤炭消費國

	一九九二年		二〇〇〇年		二〇一一年	
	百萬噸	總數的%	百萬噸	總數的%	百萬噸	總數的%
中國	1,088	24.4	1,124	24.6	3,678	47.8
美國	823	18.5	983	21.5	906	11.8
歐盟	1,029	23.1	821	17.9	767	10.0
印度	256	5.7	366	8.0	715	9.3
俄羅斯	296	6.6	229	5.0	237	3.1
南非	134	3.0	159	3.5	190	2.5
日本	114	2.6	153	3.3	183	2.4
澳洲	101	2.3	128	2.8	129	1.7
南韓	39	0.9	64	1.4	119	1.5
土耳其	60	1.3	81	1.8	104	1.4
其他	514	11.5	465	10.2	665	8.6
合計	4,453		4,574		7,694	

資料來源：美國能源資訊局（Energy Information Administration）、國際能源總署

　　世界第二大煤炭消費國是美國,但它的消費量呈現連年下降的態勢,部分是由於二〇一一年至一二年間開始鑽採頁岩氣(shale gas)及天然瓦斯價格因此重挫所致。二〇一二年四月時,煤炭占發電的比例為32%,是四十年來首度和天然氣相等,不過那年稍晚,煤炭的用量又開始回升。另外,各國共同削減碳排放量、增加核能發電和可再生電力來源(如風力發電)的種種努力,以及二〇〇八年以來經濟成長疲弱等,也是導致煤炭消費量降低的重要原因。不過,儘管消費量降低,但美國煤炭出口量卻大幅增加,二〇一一年成長31%,遠比二〇〇五年至一〇年的平均年成長率11.9%高出許多。

　　相反的,二〇一二年時,歐盟的煤炭消費量卻因歐洲天然氣價格大漲而增加,畢竟相較之下,煤炭是較便宜的替代能源。歐盟雖然擬定了積極降低碳排放的計畫,但由於二〇一二年的碳價較低,當然增強了歐洲公用事業採用煤炭的誘因。

　　印度是另一個大消費國,二〇一一年的消費量約占全球消費量的9.3%。它也是煤炭進口大國,近幾年,它為了滿足國內的強勁需求而努力提高國內的產出。在二〇一一／一二年會計年度,印度進口了1.6億噸的煤來填補缺口。如果國內的供給更加充沛,它的消費量說不定會更高一些。

貿易

　　根據世界煤炭協會的統計,煤炭貿易量在二〇一一年達到11億4200萬噸,燃料煤占其中多數,比例達75%,煉焦煤占24%,而褐煤約占0.4%。二〇〇九年的全球總貿易量僅約9.21億噸,所

以，這段時間的貿易量稱得上大幅增長，而這多半是因為中國和印度的進口量大增所致。到目前為止，中國是最大進口國，其他亞洲國家排列在後，尤其是日本、南韓和印度。歐洲也是煤炭的淨進口地區，主要需求來自德國和英國。

　　印尼是二〇一一年的最大出口國，燃料煤出口量達 3.09 億噸，澳洲緊追在後，約 2.84 億噸（見表 3.2）。俄羅斯和美國也是重要的出口國，而產量不多的南非及哥倫比亞也是出口國。

表3.2　主要的出口國及進口國，二〇一一年

	出口			進口	
	百萬噸	總數的 %		百萬噸	總數的 %
印尼	309	27.1	中國	190	16.6
澳洲	284	24.9	日本	175	15.3
俄羅斯	124	10.9	南韓	129	11.3
美國	97	8.5	印度	105	9.2
哥倫比亞	75	6.6	台灣	66	5.8
南非	72	6.3	德國	41	3.6

資料來源：世界煤炭協會

產量及庫存

　　二〇〇二年至一一年間，煤炭產量平均年增率為 5.1%，供給面大致都能跟上需求的成長。不過，產出趨勢還是相當分歧。二〇〇二年至一一年間，中國的年度產出成長率平均達到驚人的 10.2%，印度為 5.2%，俄羅斯為 3.8%，哥倫比亞則為 7.8%。另一方面，在同一段期間，已開發國家中的美國和德國的年產量則分

別以平均0.2%和1.2%的速度減少。看起來，區域產量趨勢大致和消費的趨勢同步，不過也有一些例外。在二〇〇〇年至一〇年間，澳洲的年產出平均成長3%，不過多數增加的產量都被外銷到亞洲市場。相似的，哥倫比亞增加產量的動機也是為了出口。但另一方面，其他許多出口國——尤其是南非和印尼——強勁的國內需求成長也耗用了一部分可供出口（通常出口的利潤比供應國內市場的利潤高）的煤炭。

中國的三大採煤區是內蒙古、山西和陝西，都位於中國北部。典型來說，這些地區的產出約占全國產出的三分之二。二〇一二年時，由於煤價下跌，中國的煤炭產出似乎開始動搖。中國很多地方的採煤作業成本很高，所以當全球煤價低迷、進口煤的競爭力上升時，中國國內的產量就可能降低。近幾年來，勞動成本持續大幅上升，安全成本（因遵守政府提高安全標準的規定所致）和區域稅亦然。此外，中國很多煤炭是藉由陸上運輸，這種運輸方式的費用較高。

儘管如此，中國未來還是有非常大量的新產能即將就緒。根據積極敦促產業重組（整併）的主管機關的說法，二〇一一年，以先進煤炭開採技術開採的新增產能為9500萬噸，同時只有407個礦區共2500萬噸／年的產能關閉。另外，中國也大量投資在鐵道及港口基礎建設的開發，以便克服運輸上的限制。

從二〇〇九年以來，由於印度政府保護環境的種種作為、土地取得問題和鐵道基礎建設差等因素，該國的煤炭產量一直都未能顯著增加。根據印度第十二個五年計畫（二〇一二／一三年至二〇一六／一七年）草案，政府預測二〇一六／一七年的產出將是7.95億噸，比二〇一一／一二年的5.39億噸顯著增加，這意味

這段期間的產出將增加近50%。即使產出成長如此顯著，但印度的進口需求仍將持續上升，因為根據預測，到二○一七年，煤炭的需求將增加到9.8億噸。若以近幾年來的趨勢以及制度和文官體系所造成的障礙來說，上述產出成長計畫看起來似乎太過樂觀，不過印度政府似乎將採取較積極的方法來鼓勵這個部門提高產出。

過去十年間，印尼的煤炭產出成長最為快速，在二○○○年至一一年間，平均年產出成長率高達15.3%。由於營運成本低，所以印尼也成為全球市場上的重要供給國。然而，目前的營運環境也隱含了一些不確定性。政府在鄉村地區建造火力發電站，並要求將國內的煤炭產出保留給國家使用。有些說法表示，二○一四年起政府將禁止未加工的煤炭出口，另外，也有人談到政府將課徵出口稅、設置產量配額，並對這個產業的外資股權投資設定上限等。儘管目前正式的煤炭政策尚未發布，但看起來印尼政府確實可能會限制煤炭出口量，以便因應國內消費的強勁成長。

俄羅斯方面，政府的能源政策將對中至長期的煤炭消費需求形成支撐。根據到二○三○年為止的能源策略，預估火力發電廠將逐步以煤炭取代瓦斯：預定到二○三○年時，煤炭占總發電量的比例將從二○○八年的26%提高到34%至36%。在出口方面，未來俄羅斯計畫分散出口目的地，由歷來以西方出口市場為主的模式，轉變為以成長較快速的亞太區域為重。然而，如果要大量外銷到亞洲，就必須大規模升級基礎建設。

南非的煤炭產業面臨很多問題，包括基礎建設效率不彰、勞工議題以及監理障礙等，種種問題導致產出受限。理查灣煤炭碼頭（Richards Bay Coal Terminal）是世界上最大的煤炭出口碼頭，

表3.3　主要煤炭生產國

	一九九二年		二〇〇〇年		二〇一一年	
	百萬噸	總數的%	百萬噸	總數的%	百萬噸	總數的%
中國	1,115	24.8	1,154	26.0	3,474	45.3
美國	905	20.1	974	21.9	992.7	12.9
印度	254	5.6	336	7.6	578	7.5
印尼	22	0.5	77	1.7	397	5.2
澳洲	228	5.1	307	6.9	395	5.2
俄羅斯	316	7.0	240	5.4	337	4.4
南非	183	4.1	226	5.1	255	3.3
德國	314	7.0	205	4.6	189	2.5
哈薩克共和國	127	2.8	77	1.7	116	1.5
哥倫比亞	22	0.5	38	0.9	86	1.1
其他	1,007	22.4	805	18.1	845	11.0
合計	4,491		4,439		7,666	

資料來源：美國能源資訊局、國際能源總署

它已擴充到每年9100萬噸的運送量，鐵路基礎建設也比以前改善不少，不過，煤炭產出能否跟上運能的增加，則仍有疑問。南非的煤炭生產成本大致上並不高，所以它的出口競爭力其實很強，但國內需求的持續增加意味未來的出口可能不見得會繼續增加。

　　澳洲方面則是擬定了一個進一步開發煤炭礦藏的野心計畫，儘管它的礦藏原本就已非常豐富。不過，由於最近煤價偏低，加上營運成本的大幅上升（尤其是工資和稅金），導致外界愈來愈憂心澳洲煤炭業的獲利能力。世界第四大煤炭出口國是哥倫比亞，它二〇一一年的煤炭產出較前一年成長15.4%。由於亞洲需求持續上升，加上巴拿馬運河已拓寬，哥倫比亞將因此開啟外銷

亞洲市場的契機，目前已經有很多外國企業在哥倫比亞進行大量
投資。

煤炭的市場

　　煤炭礦藏的地理分布非常廣泛，所以自古以來，煤炭的貿易
量相對有限。直到一九六〇年代期間，因為日本缺乏天然資源，
尤其是碳氫化合物，煤炭貿易量才隨著日本經濟快速發展而明顯
成長。日本的進口需求（以及後來的南韓和台灣等工業化國家的
需求）是由澳洲、印尼甚至加拿大西部填補。然而，議價的大權
卻掌握在採購者手上，每年日本鋼鐵業和各供應國都會召開議價
談判會議來決定煤價。價格議定後，這個地區的其他鋼鐵廠就會
沿用日本鋼鐵廠同意的價格（以較優質的煉焦煤為基礎）。後
來，中國的鋼鐵廠業也開始參與議價談判。但對煤炭生產國來
說，這樣的安排會導致價格降低。

　　這層關係在二〇〇〇年代時瓦解，但沒有人清楚箇中緣由，
無論如何，生產國的議價能力改善，開始得以要求更高的煤價。
在那段時間，中國多半還不算是主要的煤炭進口國，所以，它的
影響並不大。比較可能的原因是由於煤炭價格長期低迷，所以只
有少數大型企業有能力負擔開採煉焦煤資源的成本。而由於大部
分的煉焦煤市場掌握在這少數幾家跨國企業手上，生產者遂取得
了支配交易條件的力量。

　　儘管這些發展直接影響到的是煉焦煤的價格，但燃料煤市場
也大致依循類似的趨勢，不再採用以前的長期合約模式，改成根
據幾個現貨市場的數字來定價。然而，日本燃料煤市場的年度合

約依舊維持三月簽訂、四月生效的傳統，而且通常是在大型採礦業者和日本公用事業公司談判後簽訂。

現貨市場是沿著幾個主要的外銷中心逐漸發展出來的，包括澳洲出口採用的紐堡現貨指數和南非出口採用的理查灣指數。西北歐 ARA 價格則是歐洲的進口價格標竿。很多國家都有本國的煤炭指數，例如美國有 NYMEX 現貨及期貨價格，中國有環渤海價格——追蹤六個港口的電廠煤炭價格。然而，目前現貨煤炭交易開始遭遇到幾項挑戰，包括流動性問題，另外，現貨交易供應的煤炭難以全面滿足買方的需求也是問題之一，因為在現貨市場上求售的煤炭有很多不同種類（能量密度及雜質不同），而買方要求的煤炭品質（因環保要求或電廠的技術規格所致）也不盡相同。

價格趨勢

二〇〇〇年代期間，由於需求強勁，燃料煤價格因而大漲。由於價格長年維持低檔導致投資不足，因此當消費增加（尤其是中國首度在二〇〇七年加入市場）後，市場供給便難以滿足需求。然而，從二〇〇八年至〇九年原物料商品價格崩盤以來，煤價就維持低迷。

在全球經濟衰退期間，煤炭市場的恢復能力雖比很多工業原料強，不過目前供給已大幅增加，故市場早已不復見供不應求的緊縮狀態。另一方面，疲弱的全球經濟成長和美國天然氣產量的增加，也導致煤炭消費量受限。二〇一二年一整年，煤價多半是下跌的，平均年度價格大致上跌了 20%。

圖 3.2　煤炭價格

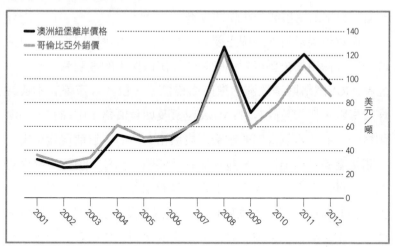

資料來源：世界銀行（World Bank）

未來展望

■ 中期而言，各國削減碳排放量的種種努力可能對煤炭消費造成限制，至少會導致消費成長率降低。儘管要中國斷絕對煤炭的依賴並不容易，但它已在第十二個五年計畫（二○一一年至一五年）首度設下了氣候變遷目標和展望，加上中國整體能源效率已有改善，同時逐步提高天然氣、核能和再生能源的發電比例，種種因素都將使煤炭的發電占比降低。另一方面，美國也逐漸關閉大量的煤火力發電產能。儘管如此，由於煤炭具備相對價格競爭力（不含碳價）和充足的礦藏等條件，所以若要提升世界各個貧窮地區的生活水平，煤炭依舊是一項重要的工具。

■ 碳採集及儲存（Carbon capture and storage，簡稱CCS）作業有可能獲得更大規模的採用。然而，我們需要更先進的技術來降低目前過高的成本，同時紓解封存可能溢漏的疑慮。

■ 二〇一一年日本三一一大地震的損害引發了一場核災，這讓人對核電的未來抱持懷疑態度。儘管基於成本及能源來源（是否需要進口）等考量，人類不會完全放棄核電，但如果有很多國家廢除核電廠，煤炭將會直接受惠。

天然氣

天然氣是一種化石燃料，換言之，它是一種碳氫化合物氣體。天然氣存在於地下的岩床或與其他碳氫化合物（石油和煤礦床）並存。以前，人類以為天然氣沒有商業開發利益，所以鑽採石油的過程中所產生的天然氣都被直接燃燒掉。到一九七〇年代，人類才發現天然氣本身也是可用的原物料商品，所以，現在人類以管路來運輸油井中「伴生」（和石油伴生）的天然氣（有些天然氣會被重新注入油井，作為提升採集率的手段）。非伴生的天然氣是直接從純天然氣田中取得，另外，煤層氣（coal bed methane，亦稱煤層甲烷）是從含煤的岩層中採集。

礦藏與類型、採集及加工

根據〈英國石油二〇一二年世界能源統計評估〉的統計，二〇一一年天然氣礦藏量估計約208.4兆立方公尺，地理分布相當集中（見圖3.3）。根據國際能源總署的說法，若以未來消費量估計值來推算，已知的天然氣礦藏將能維持五十九年的使用，不過，這多半沒有把非傳統天然氣列入計算。俄羅斯擁有世界最大礦藏量，其次是伊朗、卡達和土庫曼共和國。其他擁有大量礦藏

圖3.3　天然氣礦藏，二〇一一年

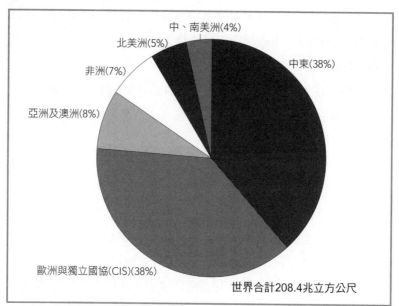

資料來源：〈英國石油二〇一二年世界能源統計評估〉

的國家還包括中東和非洲的產油國（沙烏地阿拉伯、伊拉克、阿拉伯聯合大公國、阿爾及利亞和奈及利亞）和澳洲。然而，如果將非傳統天然氣礦藏納入考量，總礦藏量將是前述數字的兩倍（各方估計值差異甚大，所以這只是一個粗估數字），而且地理分布就比較沒那麼集中。

　　隨著技術的進展，人類開始從較不容易接近的岩層中採集天然氣。這些「非傳統」天然氣包括緻密氣（tight gas，從低滲透岩層中採集）和頁岩氣（從頁岩層中採集）。非傳統天然氣約占二〇一一年全球天然氣產出的16%。這種天然氣的採集成本較

高，因為必須使用較先進的技術，而且要耗用更多能源。目前酸氣（sour gas）——即含有大量氫硫化物的氣體——也開始變得具有商業開發利益。不過，在使用這種氣體以前，必須先將其中的氫硫化物去除。

　　天然氣在採集出來後，必須經過加工去除雜質的程序。萃取流程的副產品——乙烷、丙烷和丁烷——也都分別具備商業銷售的條件。

　　液化天然氣（Liquefied natural gas，簡稱LNG）是將天然氣冷卻到大約負160°C的溫度後製成的一種潔淨液體。經過這道程序後，天然氣的體積會大幅縮小，因此更容易儲存和運送。通常天然氣在來源地就會被製成液化天然氣，接著以LNG火車（船）運送，再於目的地的工廠重新予以氣化。LNG是從一九六〇年代開始生產，從那時開始，產量便顯著增加，它讓天然氣市場變得更有彈性，因為原本天然氣只能用管路來運輸。如今人類更開發了浮體式液化天然氣（Floating liquefied natural gas，簡稱FLNG），這種天然氣的液化過程是在境外天然氣田附近的海面上進行。

　　伴隨天然氣燃燒而產生的碳排放量比燃燒煤炭或石油的排放量低，所以，一般認為天然氣在控制（與降低）全球碳排放方面，扮演著重要角色。一般而言，天然氣的碳排放量大約比燃燒煤的碳排放量低50%，也比燃燒石油而產生的碳排放量低25%。

消費及用途

　　到目前為止，發電產業是天然氣的最大消費者，其次是建築

物（天然氣被用來做為鍋爐——產生熱水和室內暖氣，主要是
OECD 國家——的動力來源），另外，產業界也會使用天然氣，
如金屬精煉業、石化業、鋼鐵產業。運輸產業的消費量也持續增
加，不過這部分占總消費量的比例還非常小。一九七〇年代至一
九八〇年代間，由於石油危機的影響，歐洲公用事業產業的天然
氣使用量快速成長。不過，以全球發電的原料來說，天然氣目前
的占比僅略高於20%。

　　二〇〇一年至一一年間，天然氣消費量穩定成長，平均年增
率約2.4%，但個別消費者的使用趨勢更顯著。二〇〇一年至一一
年間，中國消費量的平均年增率為16.2%，不過，那當然是因為
中國的基期很低；歐洲的平均年增率僅0.8%。二〇〇〇年代的頭
五年間，美國的消費平均每年減少1.2%，不過後來便漸漸回升，
二〇〇七年至一一年，儘管二〇〇八年至〇九年經濟衰退及後來
的經濟成長疲弱，但美國消費量的平均年增率仍有4.5%。美國天
然氣消費成長的主要原因是：國內產量強勁成長促使國內價格降
低，尤其是相對煤炭價格而言。歐洲的情況恰好和美國相反，同
一段時間，歐洲天然氣價格走高，故而帶動一股節能風潮。歐洲
天然氣需求也因疲弱的區域經濟、煤炭的相對成本優勢和可再生
能源產量大幅成長等因素而受限。

　　過去十年間，中國迅速成為多數原物料商品市場的主要消費
者，不過天然氣市場例外，中國二〇一一年的天然氣消費量僅占
全球消費量的4%（見表3.4）。相較之下，最大消費者美國約占全
球總消費量的21%，俄羅斯占13%。然而，中國目前在天然氣市
場上依舊舉足輕重，因為它需要進口大量天然氣，而且未來進口
量將繼續增加。這些天然氣是以管路的方式從中亞進口，尤其是

表3.4　區域天然氣消費

	一九九五年		二〇一一年	
	十億立方公尺	總數的%	十億立方公尺	總數的%
北美	692.5	32.7	852.3	26.5
美國	588.7	27.8	689.9	21.4
加拿大	76.2	3.6	103.3	3.2
東歐及獨立國協	603.3	28.5	557.5	17.3
俄羅斯	403.6	19.0	424.6	13.2
西歐	396.3	18.7	528.9	16.4
英國	68.3	3.2	82.2	2.6
德國	66.4	3.1	72.5	2.3
義大利	46.8	2.2	71.3	2.2
法國	32.3	1.5	40.3	1.3
亞洲及澳洲	197.8	9.3	615.4	19.1
日本	53.2	2.5	105.5	3.3
中國	15.3	0.7	130.7	4.1
印度	15.1	0.7	61.1	1.9
南韓	5.8	0.3	46.6	1.4
中東	121.0	5.7	401.2	12.5
伊朗	26.6	1.3	152.3	4.7
沙烏地阿拉伯	35.9	1.7	99.2	3.1
中南美洲	65.1	3.1	154.5	4.8
非洲	43.7	2.1	109.8	3.4
合計	2,119.9		3,219.6	

資料來源：美國能源資訊局、國際能源總署、英國石油

從土庫曼共和國；另外，它也進口大量的LNG。近來中國的LNG進口量快速成長，二〇一一年的進口量增加31%，二〇一二年上半年也增加了29%。中國政府已針對天然氣設定了一個策略性目標，它希望二〇一五年時，能將天然氣占原生能源總消費量

（primary energy consumption）的比重提高到8.3%，二〇一一年的
這個數字僅4.8%，當然，設定這個策略目標是為了實現更遠大的
目標——降低碳排放量並對抗污染。

　　二〇〇三年至一〇年間，印度的天然氣需求增加一倍，它是
靠增加國內產量及進口來滿足這些需求。天然氣大約僅占印度原
生能源總消費量的10%。儘管印度是非常大的天然氣生產國，但
它也進口LNG。

　　俄羅斯是天然氣的消費大國，天然氣占該國能源消費的一半
以上（二〇一一年為56%，而美國僅28%）。這代表俄羅斯天然
氣消費進一步增加的空間有限，尤其目前政府正不遺餘力地計畫
提高國內天然氣關稅及能源使用效率，同時增加煤炭的消費量，
因為它的煤炭供給相當充沛。

　　中東的沙烏地阿拉伯、阿拉伯聯合大公國和科威特近幾年都
已面臨天然氣短缺的窘境，主要是因為這些國家的經濟及人口高
度成長，促使電力和水的需求大幅上升（天然氣被用在脫鹽工
廠）。二〇一一年時，中東（不含北非）占世界天然氣總消費量
的12.5%。天然氣可能短缺的前景促使波斯灣國家（卡達除外）
投入更多資金到國內天然氣採集工程上，這應該會促使天然氣消
費持續強勁成長。

產量

　　天然氣產量是由少數幾個生產大國支配。二〇一一年時，俄
羅斯和美國共占全球天然氣總產量的39%，其他大生產國還包括
卡達、伊朗、加拿大、中國和挪威（見表3.5）。

表3.5　區域天然氣產量

	一九九三年		二〇一一年	
	十億立方公尺	總數的%	十億立方公尺	總數的%
北美	678.3	32.9	864.2	26.4
東歐及獨立國協	657.3	31.9	776.1	23.7
西歐	267.8	13.0	277.0	8.4
亞洲及澳洲	189.7	9.2	479.1	14.6
中東	125.5	6.1	526.1	16.0
非洲	79.4	3.9	202.7	6.2
中南美洲	65.1	3.2	153.2	4.7
合計	2,063.1		3,278.4	

　　近幾年俄羅斯天然氣產量僅溫和成長，因為該國天然氣產業的獨占企業——俄羅斯天然氣工業集團（Gazprom）——位於西伯利亞西部的主要氣田已經逐漸成熟，但它並未加速開發另外兩個主要的策略專案——亞馬爾半島和西托克曼（Shtokman）。事實上，二〇一二年八月時，俄羅斯天然氣工業集團還宣布將暫停西托克曼天然氣田的開發，因為它的成本相對高於那一年的天然氣價格。這也可能是因為美國開始開發頁岩氣（西托克曼的多數產出都是指定輸出美國市場），另外東非和地中海地區發現了容易開採且成本低廉的天然氣也可能是原因之一。俄羅斯大約有一半的天然氣是外銷到西歐。俄羅斯目前也積極擴展對亞洲的出口，不過它得先投資大量資金到基礎建設，才能達到目的。

　　美國二〇一一年的天然氣產量年增率達7.9%，主要是因頁岩氣（非傳統天然氣已占美國天然氣總產量的50%）產出增加的緣故。頁岩氣的開採徹底改變了天然氣生產的未來，原本一般認為

將逐年下降的產量，似乎有逆轉的機會。然而，事實卻也證明，採集頁岩氣的技術——水力壓裂（Hydraulic Fracturing，又稱液裂法）和水平鑽井（Horizontal Drilling）——都有爭議；整個採集過程需要使用大量混合化學藥劑的水，有些人擔憂這可能會污染地下蓄水層，同時消耗水資源，另外，這些技術也必須使用大量能源。儘管如此，美國政府仍舊表示，只要業者對環境負責，它便繼續支持這個產業，但另一方面也會加強環境審查。無論如何，這個產業的前景依舊不明朗，部分原因是，二〇一一年至一二年美國國內天然氣價格極端低，導致業者的獲利能力受到威脅。有些企業目前聚焦在獲利能力可能較高的油頁岩業務，不過，由於油頁岩的採集流程比較新且未經長時間測試，所以油井的折耗率到目前仍是未知數。截至二〇一二年年底，政府已發出一張LNG出口特許執照（也許是從二〇一五年起外銷），另外還有大約20家企業陸續提出執照申請。如果LNG出口許可證大量發出，美國國內的天然氣價格或許就有上漲的可能。

西歐天然氣產量長期停滯的情況很可能不會改變，英國北海產出減少的趨勢將尤其顯著。歐洲為了抵銷傳統天然氣產量減少的問題，已著手開發非傳統天然氣資源。波蘭的礦藏量究竟有多少，目前仍難以確定，不過它已核發了非常大量的非傳統天然氣探勘執照。目前波蘭高度依賴煤火力發電和俄羅斯的進口天然氣，所以它才會那麼積極開發替代能源。英國、西班牙和法國也具備開發頁岩氣生產的潛力，不過環保的考量讓相關發展受限，而採集技術和高昂成本也是巨大挑戰。很多歐洲國家——包括法國——已經禁止水力壓裂法的採集流程。

二〇一〇年及二〇一一年間，全球LNG產量大幅擴張，絕

大多數的新供給來自最大生產國卡達。卡達的天然氣產量在二
○○八年至一二年間成長一倍，並達成每年外銷7700萬噸LNG
的目標（這個目標是在二○一一年達成）。目前它並沒有繼續增
加天然氣出口量的計畫，未來額外的天然氣產量都將貢獻給國內
市場，包括加工為石化產品和用於天然氣製合成油（gas-to-
liquids，簡稱GTL）工廠。

　　二○一一年澳洲的天然氣產量相對較少，大約僅占全球供給
量的1.4%。然而，目前它正緊鑼密鼓地進行多項專案，希望將
LNG年產出從目前的2800萬噸大幅增加到每年8500萬噸，這些
LNG將是來自天然氣及煤層氣的液化。根據這些計畫，到二○一
七年時，澳洲將取代卡達，成為世界上最大的LNG生產者。

　　有些國家──主要是俄羅斯和伊朗──希望成立一個類似
OPEC的國際天然氣組織，而且卡達、委內瑞拉、奈及利亞、利
比亞、印尼、埃及和阿爾及利亞等國確實也會定期和這兩個國家
討論天然氣市場的種種。然而，由於全球天然氣市場非常混亂
（見下述內容），所以想成立一個能藉由協同各地產出量進而影響
價格的組織，似乎不太可能成功。

天然氣的市場

　　天然氣是少數沒有全球標竿價格可作為多數國際貿易依據的
原物料商品，部分原因在於天然氣的運輸有困難。一般來說，生
產國和消費國之間簽定長期銷售合約後，就會建造輸送管路來履
行合約義務。價格指數是以國際油價為基礎（通常會有時間落
差）的某個公式來計算。

然而，過去十年左右的發展已導致這個作法局部瓦解：因亞洲的需求極端強勁，本地的供給量已不夠滿足需求；另外，卡達的LNG產量大幅增加，儘管LNG並不是什麼新技術，但近幾年LNG供給的大量增加，還是讓天然氣供給面變得更有彈性且國際化。

二〇一二年時，世界上已發展出三個非常明確但差異甚大的天然氣市場中心：高價的亞洲進口LNG現貨市場；歐洲管輸天然氣及進口LNG的混合市場；以及美國國內市場，美國市場的價格是以亨利港（Henry Hub）價格為標竿。

然而，儘管現貨天然氣市場問世，買賣雙方還是會簽定長期的管輸天然氣及LNG合約，而且合約定價通常是以國際原油價格為指標。二〇一二年時，據報導歐洲各公用事業公司已向俄羅斯爭取到較彈性的合約條件，所以區域天然氣價格將不全然以原油價格為指標，也會反映區域現貨天然氣市場的價格。另外，到二〇一二年年底時，也有報導指稱日本已爭取到局部以美國亨利港價格（當時遠低於一般價格）為基準的長期LNG供應合約。

價格趨勢

我們不可能用很多原物料商品的方式來概括各地的天然氣價格，因為各區域市場之間的差異很大。

美國國內產量的大幅（有點出乎意料外）增加，扭轉了二〇〇〇年至〇一年間天然氣價格的上漲趨勢。不過，在二〇〇三年至〇八年間，美國天然氣平均價（亨利港）還有約每百萬英制熱值單位（British thermal units，簡稱mBtu）7.14美元，甚至在二

○○八年第二季達到11.35美元／mBtu的單季高峰價。但接著由
於二○○八年至○九年經濟陷入衰退，價格遂大幅下跌，到二○
一○年和一一年間，價格雖大致持穩在4美元／mBtu，不過，二
○一二年又重挫（見圖3.4）。二○一二年上半年，由於國內產量
強勁成長，國內需求成長又很疲弱，價格還一度跌破2美元／
mBtu。二○一二年年底，價格又大漲到超過3.5美元／mBtu，部
分原因是核能發電量和鑽井活動不像預期那麼熱絡。

　　過去十年間，歐洲的天然氣平均進口價格大致上是跟著國際
油價的軌道波動，這不意外，因為多數進口合約價的簽訂都是以
油價為指標——儘管近幾年歐洲天然氣現貨市場顯著成長，但依
舊受流動性不佳所苦，其中或許只有英國的天然氣線上交易

圖3.4　區域天然氣價格

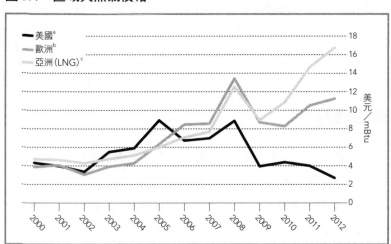

a 亨利港；b 歐洲平均進口價格；c 根據日本價格
資料來源：世界銀行

（National Balancing Point，簡稱NBP）例外。LNG已經成為歐洲愈來愈重要的供給來源，不過二〇一一年至一二年間，由於歐洲的天然氣消費萎縮，LNG的全球貿易愈來愈以亞洲為重心。

生產地對亞洲的LNG出口價在二〇〇三年至〇八年間大幅上漲，平均年增率幾乎達到21%，主要是因供給有限，但亞洲和歐洲的需求強勁成長。二〇〇九年因反映全球經濟衰退，故價格大幅下跌，不過，後來又漸漸回升，二〇一〇年和二〇一一年分別上漲21%及35%。二〇一二年，LNG出口價再次上漲至平均約17美元／mBtu。

未來展望

- 大型經濟體的能源政策將決定天然氣的未來。各國政府是否積極採取降低碳排放量的對策——這讓天然氣相對比其他碳氫化合物更有利——還有待觀察。可再生能源的推廣有利於天然氣，因為根據認知，天然氣是可再生能源發電量不足時的最佳備用電力來源。

- 中國已表明將增加天然氣占其能源組合的比重，而中國增加消費的空間還很大。根據國際能源總署的數據，目前只有10%的中國家庭能取得天然氣，而全球平均水準是40%。

- 低迷的價格可能會導致美國人近期投資天然氣生產的意願降低。

- 到二〇一五年時，LNG供給量將大幅增加，尤其是來自澳洲方面的供給，另外，非洲和巴布亞新幾內亞等小型生產國也會貢獻新的供給。到那時，美國和加拿大也可能開始大規模

出口,這種種因素將可能壓抑天然氣價格,並導致未來投資天然氣資源的意願降低。

- 儘管地球上還有非常多尚未開發的天然氣礦藏,但很多這類礦藏——如北極的開發——的採集複雜度很高,故開發成本非常昂貴,這當然會對長期供給和價格造成影響。

- 預期非傳統天然氣產量占全球產量的比重將繼續上升,而所謂非傳統天然氣,就是頁岩氣(北美、波蘭、中國)、煤層氣(澳洲、中國)及緻密氣(中東、拉丁美洲、非洲)等。

原油

　　原油是一種碳氫化合物，它多半是由氫及碳組成，而且是經過數億年的化石演變流程後才形成。石油通常存在於地底或海底的儲油層。採集石油的方法有很多種，有時候是利用存在於儲油層裡的天然壓力，有時候則是使用幫浦。隨著原油愈來愈難採集，開採過程中有可能會使用提高採集率的技術，如注入水或天然氣。另外，要從較不傳統的來源——如油砂或油頁岩——中萃取原油，則要使用較類似採礦的方法。

　　原油的型態有很多種，包括輕原油（又稱甜原油）到重原油（又稱酸原油）等，其分類取決於美國石油協會（American Petroleum Institute，簡稱 API）的原油重量比指數，這個重量比指數是衡量不同種原油相對於水的重量。歷來輕原油都享有溢價，因為它較適合用來生產汽油（在煉油廠提煉）。

加工與產品

　　原油可以提煉為各式各樣的產品，如汽油（petrol）、中間餾分油（middle distillates）和燃料油。汽油包含航空用油、汽車用汽油與輕質餾分進料油（light distillate feedstock，簡稱 LDF）。中

間餾分油包含火箭及加熱煤油，還有瓦斯和柴油。燃料油包括航運燃料（用於海運運輸的鍋爐燃料油）及直接做為燃料的原油。其他產品包括液化石油氣（liquefied petroleum gas，簡稱LPG）、溶劑、石油焦（petroleum coke）、潤滑油和瀝青。中間餾分油約占二〇一一年所有提煉產品總消費量的36.5%，輕餾分產品為32.1%，燃料油為9.8%。

　　原油市場主要是由煉油公司組成，其中很多公司的業務向下垂直整合到汽油產品的配送及銷售，有些則向上垂直整合到探勘、生產，另外也有些企業會同時朝上、下游垂直整合。歷來原油提煉都是在消費國進行，因為原油運輸成本比石油產品的運輸成本低。儘管目前有愈來愈多生產國也開始從事煉油業務，但二〇一一年美國占世界總煉油產能的比例還是高達19%。

　　煉油業務的獲利能力通常比石油產業的其他業務差，主要原因是環保標準愈來愈嚴格，這些規定所衍生的成本導致煉油業務的利潤率遭到壓縮。也因如此，從二〇〇八年至〇九年全球經濟成長趨緩以來，美國和歐洲的某些煉油產能已經關閉。目前煉油業有一個問題正日益惡化：煉油產能和可取得原油的種類開始出現錯配（mismatch）的現象；美國和歐洲很多煉油產能的設計是要處理較輕質的原油，但近幾年來供應量成長較多的，卻是較重且較酸的原油。幸好世界上其他地方產能的快速成長，有效彌補了西方國家煉油產能的降低。日本、新加坡、中國和印度都擁有可觀的煉油產能，剩下的產能多半位於原油生產國，如俄羅斯、委內瑞拉和中東。中國產能約占二〇一一年全球煉油產能的近12%，但其中大約有10%的產能是所謂的茶壺煉油廠（小型的獨立煉油廠）。

礦藏

　　根據〈英國石油二○一二年世界能源統計評估〉的統計，二
○一一年世界原油礦藏量估計約 1.65 兆桶（見圖 3.5），最多是蘊
藏在委內瑞拉（奧里諾科石油帶〔Orinoco Belt〕，蘊藏超重質石
油）和加拿大（包括油砂）。若排除較不傳統的原油形式，最大
的礦藏則位於俄羅斯、沙烏地阿拉伯、伊拉克和伊朗。根據國際
能源總署估計，若維持目前的生產率，這些礦藏還能維持四十六
年的供給；英國石油將較不傳統的礦藏列入計算後，估計總礦藏

圖 3.5　原油礦藏，二○一一年

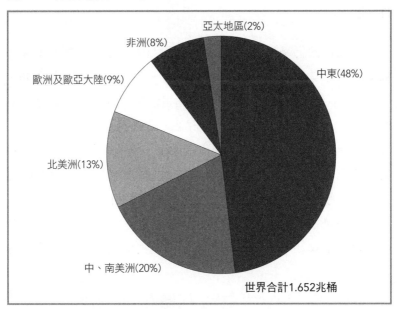

亞太地區(2%)

非洲(8%)

歐洲及歐亞大陸(9%)

中東(48%)

北美洲(13%)

中、南美洲(20%)

世界合計1.652兆桶

資料來源：〈英國石油二○一二年世界能源統計評估〉

將能維持五十四年的供給，比前者的估計稍微長一點。事實上，全球礦藏水準已經上升，加上技術愈來愈進步，原本人類認為無法開採的礦藏現在都已能開採。

以目前的產出率估算，一般認為中東石油礦藏還可有效維持七十九年的供給。但在世界上其他所有區域——不包括委內瑞拉和加拿大——礦藏相對產量（reserves to production〔R/P〕ratio）的比值不到45。然而，最新的數據並不包含諸如緻密油或頁岩油等非傳統石油的估計值。儘管目前還無法精確評斷，但油頁岩似乎有大幅延長世界原油供給年限的潛力。

消費與貿易
用途

石油目前仍是最主要的商用能源來源，大約能滿足30%至35%的能源需求（儘管這個比重已經比一九七〇年代初期的50%下降），不過，電力產業的石油使用量已經大幅降低。根據〈英國石油二〇一二年世界能源統計評估〉的統計，在二〇一一年全球原生能源組合當中，石油依舊占大宗，占比約33%（不過這相對來說已經非常低），其次是煤的28.8%（相較於二〇〇六年的24%）還有天然氣的23.2%。能源用途占原油消費的大宗，其中最大用途是運輸和發電。石油的非能源用途主要是做為塑膠製品、合成纖維和橡膠的投入原料，但這占原油需求的比重不到10%。

運輸業的消費量約占全球石油消費的一半，產業界（包括製造業、農業、礦業和建築業）約占三分之一，剩餘的則屬家庭及

商業用途。儘管生物燃料和壓縮天然氣的消費上升，石油產品仍是支配運輸產業的主要燃料。

　　從一九七〇年代第一次石油危機以來，石油占能源供給的比重已大幅降低，近幾年的高油價更降低了公用事業公司以石油發電的動機。石油占能源供給比重降低的其他原因還包括：天然氣火力發電廠的興建成本比石油火力發電廠低，而且對環境較友善（碳排放量較低），另一方面，煤炭通常比石油及天然氣便宜，所以它一直是很多開發中國家的首選發電燃料，尤其是國內煤礦藏多的國家如印度和印尼。然而，燃燒煤炭所產生的碳排放量比燃燒石油還要多。

區域趨勢

　　各國石油的消費趨勢通常和國內生產毛額（GDP）的成長軌道同步移動。然而，從一九七六年起，石油的需求成長速度就一直低於GDP，這意味石油密集度（oil intensity，指增加一單位GDP所需要的石油量）降低。預期這個降低趨勢將不會改變，尤其是在較成熟的經濟體。OECD國家消費占石油總消費量的比重從一九七五年的70%降到二〇一一年的51%（其中北美占26.4%，歐洲占16%，太平洋地區占約9%，見表3.6）。高油價，全球暖化的憂慮、各國普遍為了節能所做的努力，及經濟成長疲弱（尤其是從二〇〇八年起）等，是促使OECD消費比重降低的主因。另外，從二〇〇八年至〇九年全球經濟成長趨緩以來，北美的消費持續降低（只有二〇一〇年溫和反彈），這意味該地區將加入歐洲和日本的行列，成為長期消費趨降的地區。

表3.6　石油消費

	一九九七年		二〇一一年	
	百萬桶／天	總數的%	百萬桶／天	總數的%
北美	22.7	31.0	23.5	26.4
歐洲	15.0	20.5	14.3	16.0
太平洋	9.0	12.2	7.9	8.9
OECD合計	**46.7**	**63.7**	**45.7**	**51.3**
中國	4.2	5.7	9.5	10.7
其他亞洲國家	6.8	9.2	10.7	12.0
中東	4.0	5.4	8.0	9.0
拉丁美洲	4.8	6.6	6.5	7.3
獨立國協	3.8	5.2	4.7	5.3
非洲[a]	3.1	4.2	3.1	3.4
非OECD合計	**26.6**	**36.3**	**42.4**	**48.7**
整體合計	**73.3**		**88.2**	

a　包括其他非OECD歐洲國家
資料來源：國際能源總署，經濟學人智庫

　　相反的，非OECD國家消費占總消費量的比重反向增加，從二〇〇二年起，年度平均成長率近4%。亞洲的成長率最高，一九九五年至二〇〇七年的平均消費年增率約5.5%。這個地區的消費量占二〇一一年全球總消費量的23%，比二〇〇〇年的16%占比明顯增加。中國熱絡的工業及經濟成長，是促使亞洲地區消費快速成長的主要因素。儘管目前中國主要還是利用煤炭來滿足其電力需求，但運輸部門對石油的需求仍快速成長。

　　另外，拉丁美洲的消費占比約6%至7%，一直維持相對穩定的狀態，不過，近五年的成長率有上升趨勢。中東消費占比增加最為明顯，從一九九五年的5.2%上升到二〇一一年的9%；這個

區域大方的零售價補貼，是促使原油消費成長率顯著上升的原因之一。儘管該地區的非產油國因此承受了高額的財政成本，但多數政府因擔憂引發社會及政治動盪，所以並不願意廢除這些補貼。近幾年來，非洲的消費占比一直相當穩定地維持在3.8%左右，只略高於一九九六年至二〇〇六年的3%。

貿易

石油貿易量和貿易金額遠比任何原物料商品都來得大，而且，石油出口量約占其全球總產量的60%。原油貿易目前依舊位居支配地位，但石油相關產品的貿易也漸漸增加。多數石油是藉由海洋（透過油輪）運送，而若是採陸地運輸，則是透過管路輸送。油輪的低成本、高效率及高彈性讓原油跨洲運送得以實現。根據主要原油標竿價格來交易的短期及現貨市場石油合約成交量非常大，這無形中也對各個交易所的期貨交易、跨區域運輸和現貨油輪貨物的套利活動等形成了支撐。

美國是世界上最大的單一原油進口國，約占二〇一一年全球貿易量的14%，近幾年，美國一半以上的需求都靠進口滿足。然而，國內頁岩油產量的大幅成長，將促使美國的進口量下降。日本和德國的進口依賴度超過90%。至於出口部分，目前仍是中東和俄羅斯主導，它們分別約占二〇一一年世界原油總出口量的46%及17%（見表3.7）。

表 3.7　主要出口國及進口國，二○一一年

	出口			進口	
	千桶／天	總數的 %		千桶／天	總數的 %
中東	17,660	46.4	歐洲	9,322	24.1
俄羅斯	6,413	16.9	美國	8,937	14.1
西非	4,501	11.8	中國	5,080	13.0
拉丁美洲[a]	4,147	10.9	日本	3,560	5.8
加拿大	2,243	5.9	印度	3,407	4.5

a　包括墨西哥
資料來源：〈英國石油二○一二年世界能源統計評估〉

產量及礦藏
國家與企業

　　過去三十年左右，石油產業的結構已然改變，這些轉變主要是合併及收購活動造成，其中最值得一提的是雪佛龍德士古公司（Chevron-Texaco）、艾克森美孚（ExxonMobil）和英國石油艾莫科公司（BP-Amoco）的交易。在一九七○年代以前，這個產業是受少數幾家垂直整合的國際大型石油企業所主導，它們就是一般所謂的七姊妹（Seven Sisters，艾克森、殼牌、英國石油、美孚、海灣〔Gulf〕、德士古和雪佛龍）。但目前七姊妹（現在剩下五姊妹，艾克森已經和美孚合併，雪佛龍和德士古合併）占原油產量的比例已剩不到20%。

　　如今，原油資源和產量的所有權及控制權已多半從民間石油企業轉移到各國中央政府或國有企業手中。以資本價值計算，這些民間主要石油企業的規模依舊龐大，但它們掌握的資源所有權

卻遠比各國的國營石油企業小。沙烏地的沙烏地阿拉伯石油公司
（Aramco）、委內瑞拉的委內瑞拉國家石油公司（PDVSA）、伊朗
國家石油公司（National Iranian Oil Company）及伊拉克國家石油
公司（Iraq National Oil Company）是握有最多石油礦藏的企業
（見表3.8），但國有石油企業的發展目標並不一定符合商業目的。

　　另一方面，大型石油公司發現，光是維持自家的原油礦藏量
都很困難，遑論提高。經驗證明，取得新礦藏的難度愈來愈高，
因為確定藏油的地區日益減少，而且這些地區的藏油經常被國有
石油企業把持。至於其他礦藏則多半因自然條件限制而非常難以
採集，另外開採成本也可能很高（包括深水油田、油砂及瀝青
砂、北極地區的油源等）。近幾年的高油價讓各國的國有石油企

表3.8　主要原油礦藏[a]持有者，二〇一二年

公司	國家	十億桶
沙烏地阿拉伯石油公司	沙烏地阿拉伯	267.02
委內瑞拉國家石油公司	委內瑞拉	211.17
伊朗國家石油公司	伊朗	151.17
伊拉克國家石油公司	伊拉克	143.1
科威特石油公司	科威特	104.0
阿布達比國家石油公司	阿拉伯聯合大公國	97.8
利比亞國家石油公司	利比亞	47.1
奈及利亞國家石油公司	奈及利亞	37.2
艾克森美孚	美國	24.9
俄羅斯國家石油公司	俄羅斯	22.8

a 約當石油（包括部分天然氣）
b 除了艾克森美孚及俄羅斯國家石油公司（政府持股75.16%）以外，全都是國有
　企業。
資料來源：美國能源資訊局、普氏能源（Platts）

業坐擁大量現金，相對的，國際石油企業通常擁有更豐富的技術、資金和專業能力。所以，某些國有石油企業遂和大型國際石油公司建立起良好的合作關係。另外，國際石油企業也設法擴展業務範圍，開始參與美國的頁岩氣甚至再生能源業務。

石油輸出國家組織（OPEC）於一九六〇年九月在伊拉克的巴格達成立，目的是要統籌反對降低跨國石油企業石油牌價（posted prices）的意見。從那時開始，它的勢力逐漸擴張，甚至意圖成為石油市場的管理者。OPEC希望能藉由平衡世界石油供需，將價格維持在一個目標區間內，所以它分配產量配額──各會員國產量占集體同意之產量上限的比重，這個比重會隨著時間進行調整──給各個會員國，二〇一二年的會員國包括阿爾及利亞、安哥拉、厄瓜多、伊朗、伊拉克、科威特、利比亞、奈及利亞、卡達、阿拉伯聯合大公國、沙烏地阿拉伯和委內瑞拉（亞洲唯一的會員國印尼在二〇〇八年年初退出這個卡特爾，因為它早在幾年前就已成為石油淨進口國）。

二〇一一年，OPEC成員的石油產量約占世界總產量的40%（見表3.9），同時握有72.4%的已知礦藏。事實上，OPEC比世界上多數卡特爾都還要成功，這多半是因為沙烏地阿拉伯有能力且願意犧牲石油產量和收入，扮演OPEC主要的彈性產油國，但其他卡特爾成員有時會利用這一點謀圖私利。

OPEC成員國和它們的國有石油企業比較關心的是如何降低供給量並留下更多石油，但對跨國性企業來說，短期的獲利能力比較重要。

表3.9　石油產量

	一九九七年		二〇一一年	
	百萬桶／天	總數的%	百萬桶／天	總數的%
OPEC合計	30.5	40.6	35.7	40.4
非OPEC合計	43.0	57.3	50.6	57.2
OECD	22.0	29.3	18.9	21.3
拉丁美洲	3.2	4.2	4.2	4.8
亞洲	5.4	7.2	7.7	8.7
其他	12.4	16.5	19.8	22.4
加工增益（Processing gains）	1.6	2.1	2.1	2.4
整體總和	75.0		88.4	

資料來源：國際能源總署、經濟學人智庫

趨勢、議題與發展

　　二〇〇六年至一一年間，世界年度石油產量平均僅小幅成長1%，這多半是因為產油國供給中斷所致，當然，OPEC為回應二〇〇八年至〇九年全球經濟成長趨緩而限制供給量，也是產量僅小幅成長的因素之一。導致近幾年供給意外中斷的因素包括惡劣氣候（美國的颶風季節）、人民起義（利比亞、沙烏地及敘利亞）、勞工抗爭（挪威）、基於政治目的而進行的制裁（伊朗）、意外事件（墨西哥灣馬康多油井漏油事件）以及非預期的維修工程（北海）等。

　　然而，二〇一二年的全球石油供給恢復強勁成長——因OPEC產出增加及北美產量提高，故產量年增率達3.5%。二〇一二年OPEC產量增加的原因是利比亞恢復生產，以及伊拉克、沙

烏地阿拉伯、奈及利亞和波斯灣各國的產出增加。各國產量增加的數量遠遠超過伊朗產量減少的數量（因油田老化、缺乏投資，加上嚴格的國際制裁行動導致伊朗的石油難以找到市場等）。至於非OPEC國家方面，北美的非傳統石油產量如加拿大的油砂和美國的頁岩油產量在二〇一二年大幅成長，也抵銷掉了疲弱的北海產量。

在開始開發油頁岩之前，美國石油產量看起來似乎注定將節節下滑，產量從一九九六年的每天853萬桶降到二〇〇八年的最低點692萬桶。不過，根據國際能源總署的數據，美國二〇一一年的日產量又回到813萬桶。然而，光是油頁岩礦區的產量就至少讓美國二〇一二年的日產出增加70萬桶，這個數字已經比一些小型OPEC會員國如厄瓜多（每天50萬桶）還要多。油頁岩專案的前置期（一至兩年）比傳統石油專案（四至五年）短，所以，油頁岩專案應該算是比較有彈性的供給來源。儘管這麼說，油頁岩專案的石油產量遞減率目前仍不易釐清，所以其潛在產量的多寡到目前都難以做出肯定的判斷。然而，這個問題的最終結論可能影響深遠，因為一般認為油頁岩礦藏遍布世界各地，顯然中國也已找到大規模的礦藏。

根據沙烏地阿拉伯的報告，該國現有產能可每天生產1250萬桶，而二〇一二年一整年的多數時間，該國的平均日產量約1000萬桶。目前還有很多新的開發案即將上路，包括最高產能可日產90萬桶的曼尼法（Manifa）油田，不過這項新產出只是用來取代產量逐漸減少的油井，而且是以內銷為導向，因為目前其國內消費還維持強勁成長。然而，以該國二〇一二年估計礦藏量約2670億桶來說，它仍將穩居世界最大生產國及出口國地位一段時日。

　　伊拉克政府日前設定一項野心勃勃的目標,希望將石油日產量提高到1200萬桶(二〇一二年的平均日產量僅約300萬桶),這個目標主要是透過一系列和跨國石油公司之間的開發合約來達成。伊拉克已在二〇一二年取代伊朗,成為OPEC第二大生產國,不過,生產限制如安全風險和基礎建設瓶頸等問題並未解決。另外,由於伊拉克的營運環境不佳,而且合約條件也常不夠明確,所以國際投資人是否有興趣介入,目前仍不得而知。

　　目前俄羅斯和沙烏地阿拉伯還在競逐全球最大石油生產國的地位,不過,俄羅斯的已知礦藏比沙烏地少很多,僅約880億桶。近幾年來,俄羅斯的石油產業必須配合很多新的稅賦政策,而且還得應付不確定的商業氛圍及資源民族主義(如俄羅斯天然氣公司逐步收回某些外國公司的資產)等問題。然而,目前的稅賦體制已經改善,尤其是針對現有油田的棕色地帶開發(brownfield development)部分,而且,新油田(主要分布在西伯利亞東部)也即將投產。液體天然氣(Natural-gas-to-liquid,簡稱NGL)產量也大幅上升。

　　巴西將繼續增加石油產出,不過,有很多報導指稱,巴西成熟油田的產量衰減速度遠比預期還要快。然而,它已展開一項海岸深鑽井專案(低於鹽層,以前技術尚無法針對這麼深的地殼位置進行地震調查),若成功,巴西二〇一四年至一五年間的產出將可望大幅增加——假設屆時這種高成本開發案的經濟效益依舊誘人。

　　北海的產出(主要是英國和挪威油田)似乎也將節節下降,因為將投產的新油田並不足以抵銷成熟油田產出的快速下降。

　　近幾年來,NGL產量持續增加,尤其是OPEC國家。二〇〇

五年至一一年間，OPEC產量的平均年增率超過4%（二〇一〇年至一一年的平均年增率上升到9%），二〇一一年的總產量達到580萬噸。二〇一二年時，卡達和阿拉伯聯合大公國的NGL產量增加尤其多，利比亞、安哥拉、奈及利亞和阿爾及利亞的NGL產量也提高。NGL是一種實用的非石油液體燃料，不過，它並無法完美替代原油，而且據報導，它連中間餾分油都無法取代。

石油的市場

世界各地都有主要原油的現貨及期貨市場交易。由於石油種類非常多樣化，所以沒有任何一種原油的價格足以完全代表市場價格。最接近市場代表價格的是位於巴黎的國際能源總署平日所公布的一系列價格，它計算OECD國家所有進口原油的「成本、保險及運費」（cost, insurance and freight，簡稱CIF）加權平均值。最具支配力量的原油標竿是布蘭特混合油（Brent Blend，北海原油、海上石油）和位於北美陸地的西德州中級原油（West Texas Intermediate）。目前幾乎有70%的全球石油貿易都以布蘭特原油為定價基礎。其他重要的標竿還包括俄羅斯的烏拉爾（Urals，位於俄羅斯）、杜拜／阿曼（阿曼的原油是在杜拜商品交易所出售）、墨西哥的馬雅及奈及利亞的佛卡多斯（Forcados）石油，而且還有其他更多標竿是根據石油的來源或特質而定。

西德州中級原油和布蘭特原油雙雙在紐約的NYMEX和倫敦的洲際交易所歐洲期貨分所（ICE Futures Europe）交易。傳統上，西德州中級原油的交易價都略高於布蘭特，不過這個關係從二〇〇九年起就已逆轉，到二〇一二年時，布蘭特價格甚至有時

還比西德州中級原油高20美元。這是反映北美原油（西德州中級原油是以位於內陸的奧克拉荷馬州庫欣〔Cushing〕為據點）產量大幅成長；然而，布蘭特標竿則是反映北海的生產問題及伊朗石油出口減少導致這個石油市場供給緊縮而相對強勢。庫欣的不尋常情勢發展（庫存異常高）顯示，西德州中級原油做為全球標竿的吸引力正逐漸下降。

季節性需求波動會影響石油的供需平衡和價格。一般來說，每年第四季的價格都會上漲，因為此時北半球進入冬季，囤積庫存的需求上升：到春天時，由於室內暖氣需求降低，油價通常會下跌。然而，隨著新興市場的消費增加，這個型態正緩慢轉變。

通常世人將油價的高波動性及瞬間大漲走勢歸咎於石油市場的投機活動，這樣的想法並不為過，因為在二〇〇八年全球金融危機爆發前的那波急漲走勢，投資客製化或結構化衍生性金融商品（期貨或選擇權）的資金的確激起了一波波投機活動。這些衍生性金融商品的設計，原本就是要讓人得以介入石油市場的曝險部位，而衍生性金融商品通常是透過櫃檯市場交易。儘管這些商品並沒有真的購買石油，故沒有過度囤積石油而導致市場短缺的問題，但期貨價格的激烈波動，卻一樣對現貨價格及現貨市場造成影響。

裂解價差（crack spread）是指原油價格和石油製品價格之間的差異，實質上來說，它就是煉油廠的邊際利潤率。我們可以透過期貨市場的價差交易（spread trade）來買賣裂解價差——作法上是同步購買與賣出原油和某石油製品（通常是汽油或熱燃油）的合約。煉油廠可以透過裂解價差的交易來規避其營運上的價格風險。

價格趨勢

　　一九七三年以後，隨著市場支配權逐漸由大型跨國石油企業轉移到OPEC手上，石油價格的波動性也就此升高。一九七三年（阿拉伯石油禁運）和一九七九年（兩伊戰爭）兩場石油危機過後，市場都各維持了五年的相對平靜期。但到了一九八六年，阿拉伯人為了爭取OPEC的主控權，遂回復全能生產，油價因此重挫，從一九八五年的平均每桶28美元跌到一九八六年的每桶14美元，一直到一九九一年，油價都維持低迷；不過伊拉克入侵科威特所引爆的第一次波斯灣戰爭後，價格開始反彈，但到一九九八年東南亞金融危機的那段期間，油價又跌到每桶12美元的低點。

　　二〇〇〇年代初期，油價又因美國為首的反伊拉克戰爭而開始上漲。儘管新興市場的需求持續上升（且OECD市場經濟強勁成長），但世界各地的石油生產國卻對增產興趣缺缺，於是，市場供給陷入實質短缺。年度平均油價（布蘭特）從二〇〇二年的每桶25美元上漲到二〇〇六年的每桶65美元和二〇〇七年的每桶73美元。二〇〇八年上半年，由於石油生產地區的地緣政治風險仍揮之不去，加上長期供給疑慮（尤其是非OPEC生產國）、其他能源來源（主要是天然氣和煤炭）價格上漲、美元弱勢和期貨市場的投機活動等，油價遂進一步飆漲，在當年七月中抵達近每桶150美元的高峰。後來，由於投資人撤出石油市場，加上全球經濟開始出現深度衰退的跡象，油價遂開始重挫。到二〇〇八年十二月，油價只略高於每桶30美元，不過，後來價格又迅速回升，二〇一一年的平均價格（布蘭特）又超過每桶100美元（見圖3.6）。

圖3.6　石油價格

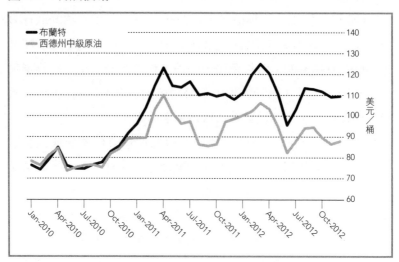

資料來源：美國能源資訊局

　　二〇一二年年初，由於伊朗的核子計畫導致該國和西方國家的關係趨於緊張，促使油價繼續表現強勢。然而，那年第二季因歐洲經濟指標有趨弱之勢（多半在預期中），加上美國和中國的經濟數據意外趨向弱勢，油價又開始回跌。事實上，期貨價格一度跌到二〇一〇年第三季以來的最低水準。不過，那一年稍晚，由於歐洲及美國央行採行超寬鬆政策，加上中國宣布經濟振興方案等，又促使價格開始大漲。二〇一二年一整年的平均油價比二〇一一年的每桶111.4美元略微上揚到111.7美元。

未來展望

- 隨著節能觀念及燃料效率愈來愈受重視，消費成長率將受到

壓抑，另外，生物燃料的使用、某種程度的需求約束行為（如果價格維持高檔的話）以及較廉價碳氫化合物的取代效果等，也有助於壓抑石油的消費成長率。然而，預期非OECD國家的消費量還是會隨著人均所得及汽車所有權增加而穩定上升（儘管過程中還是難免出現循環性的下降），故中期而言，全球消費量依舊會穩定擴張。

■ 全球經濟趨緩有可能導致煉油產能投資時程遞延或甚至取消，同時也可能促使某些產能關閉。在這種情況下，如果產品需求強勁反彈，煉油瓶頸的問題可能會再次浮現。

■ 可能導致供給受干擾的地緣政治風險不勝枚舉，包括伊拉克安全情勢再度急轉直下；其他國家可能會針對伊朗的核武計畫進行軍事突襲；奈及利亞三角地帶的人民動亂；委內瑞拉和俄羅斯的資源民族主義；以及恐怖主義份子對石油設施的威脅等。

■ 石油開採專案變得愈來愈複雜，而且經常會有延宕的現象。再者，目前成本比以前高很多，很多專案更面臨環保抗爭或技術層面的限制。

■ 運輸產業的需求將決定石油的長期需求多寡，因為石油的每個其他用途幾乎都有替代品。如果人類找到一種容易取得且具成本效益的汽車用汽油替代品，全球油價將會崩盤。

第四部

農產品

可可

　　可可主要生長在世界各地接近赤道的熱帶地區，而且主要都是小型自耕農種植。可可樹需要大量的雨水和陽光，而且需要種在能防強風的環境。主要生產國一年有兩次收成，包括主收成和副收成，副收成也就是一般所謂的中間收成（mid-crop）。可可樹常有病害問題，尤其是真菌引起的疾病，這種疾病通常是在過度潮濕的條件下發生，如對巴西的可可樹造成嚴重破壞的蔟葉病（witch's broom）、黑莢果病（black pod，常見於各地，但非洲特別嚴重）和脈管梢枯病（Vascular-Streak Dieback，簡稱VSD）。諸如東南亞常見的可可細蛾（cocoa-pod borer）等害蟲，也可能造成嚴重破壞。

　　世界上多數可可都是源自於法里斯特羅（Forastero）品種的可可樹，不過，克里奧羅（Criollo）和千里塔力奧（Trinitario）品種因口味獨特，也有人栽培。可可樹種植三至四年以後才會成熟，接下來產量會連續幾年攀升，而且達到產量高原期後，可維持達三十年，其後產量才開始減少。

　　種植可可樹的農民通常是把可可豆賣給地方的合作社或買家，後者再把可可豆轉賣給研磨廠。這些研磨廠有可能隸屬本地企業，也可能是外國買家，後者會將可可豆運送到海外，不過，

有愈來愈多外國企業選在種植可可的國家營運。某些大型研磨廠本身也是貿易公司，但沒有參與巧克力或糖果糕點等最終階段產品的製造。

加工及產品

可可豆經過清潔、烘焙後，便可研磨為可可漿，而可可漿會進一步被加工為兩種中間產品：可可脂和可可粉。有超過98%的可可最後是用來製作巧克力、其他糖果糕點、烘焙產品和飲料，剩下的則被使用到醫藥和化妝品產業。可可脂、可可漿和可可粉混合後，再加入其他原料——主要是牛奶和糖——便可製成巧克力。

在過去，可可生產國會把多數可可豆外銷，在最終市場進行加工，尤其是歐洲和美國。然而，近幾年為了提高生產活動的附加價值，生產國的可可豆研磨業務明顯擴張。（儘管如此，可可豆有時比半加工的可可更好賣，因為生產可可相關製品的廠商通常會混合使用幾種不同的豆子）

生產國的研磨業務大約占二〇一〇／一一年度全球總研磨量的41%（可可的收成年度為十月至隔年九月），比二〇〇五／〇六年度的37%上升（見表4.1）。為鼓勵在國內進行可可豆加工，並吸引外國糖果糕餅公司來投資，印尼從二〇一〇年開始針對未加工的可可豆課徵出口稅。對外國企業來說，生產國的勞動成本較低是吸引它們投資本地加工業的重要誘因。

近年來加工企業之間的合併與收購讓生產效率得以提升，不過，這也導致目前整個研磨製程遭到少數幾個大型跨國企業把

表4.1　主要可可豆加工國ᵃ

	二〇〇五／〇六年度		二〇一〇／一一年度	
	千噸	總數的 %	千噸	總數的 %
進口國	**2,230**	**63.6**	**2,329**	**59.3**
歐盟	1,328	37.8	1,481	37.7
荷蘭	465	13.3	540	13.8
德國	307	8.7	439	11.2
法國	155	4.4	150	3.8
英國	138	3.9	87	2.2
美國	432	12.3	401	10.2
其他	470	13.4	447	11.4
出口國	**1,278**	**36.4**	**1598**	**40.7**
象牙海岸	336	9.6	361	9.2
馬來西亞	265	7.5	305	7.8
巴西	223	6.3	239	6.1
迦納	85	2.4	230	5.9
印尼	130	3.7	190	4.8
其他	239	6.8	273	7.0
整體合計	**3,508**		**3,927**	

a 收成年度十月至隔年九月
資料來源：國際可可組織（International Cocoa Organisation）

持，包括阿爾契丹尼爾米蘭公司（Archer Daniels Midland，美國）、百樂嘉利寶公司（Barry Callebaut，比利時）、布倫莫公司（Blommer，美國）、佩特拉食品公司（Petra Foods，新加坡）和嘉吉公司（Cargill，美國）。

消費與貿易
區域趨勢

可可是少數會因經濟衰退而受創的農業原物料商品之一，因為它屬於奢侈型產品，而非必需食品。根據國際可可組織的統計，二〇〇八／〇九年度的研磨業務大幅下降，雖然接下來兩季強勁反彈，但二〇一一／一二年度的研磨業務再次隨著經濟成長（尤其是代表可可主要終端市場的西歐地區）減慢而降低。新興市場的可可需求成長率較高，不過，這些市場的基期很低，所以對大局的影響較輕微。然而，開發中市場可可消費量的上升已影響到可可脂和可可粉的需求平衡，因為這些市場對可可脂（主要是用在較油膩的產品如巧克力糖果糕點）的需求較少，可可粉需求較多（用在巧克力餅乾、蛋糕和飲料）。

國際可可組織估計，二〇一〇／一一年度，歐盟和美國共占可可最終消費的59.6%，較二〇〇二／〇三年度的65.7%下降（然而，最終消費情況非常難以評估，因為庫存的變化和各國評估含可可產品的標準差異甚大）。在同一段期間，亞洲（含日本）的消費則從世界總消費量的10.7%上升到13.3%。

二〇一〇／一一年度，全球每人可可消費量估計平均為0.61公斤，比二〇〇二／〇三年度的0.56公斤增加。西歐國家的每人消費量為全球最高，但某些北方市場的每人消費量可能已接近飽和區，成長將漸漸趨緩。二〇〇二／〇三年度至二〇一〇／一一年度，獨立國協的每人消費量成長一倍，但到二〇一〇／一一年度的年度消費量還是僅略高於1公斤，比歐洲每人每年2.9公斤的消費低很多。亞洲的消費量僅每人每年0.15公斤，而非洲為每人

0.2公斤。

　　較昂貴的黑巧克力的可可含量高，通常是用單一品種、有機或公平貿易（Fair Trade）的可可豆製成，由於一般認為（就某種程度來說，這個認知確實是有一點醫療研究依據的）黑巧克力「比較健康」，所以它的需求持續增加，這是過去十年可可市場的重要發展之一。然而，由於高級黑巧克力的成本較高，所以極端容易受經濟循環波動的傷害。黑巧克力大約占巧克力市場的10%。

貿易

　　超過85%的世界可可產出是供外銷用，有些是出口原豆，有些則是出口加工產品，多數生產國本身都只是這項原物料商品的小型消費國。不過，其中也有一些例外，包括巴西，它甚至有幾年變成淨進口國，例外的還有墨西哥和哥倫比亞。主要出口國象牙海岸、迦納、印尼、奈及利亞和喀麥隆等，大約占二〇一〇／一一年度可可豆外銷總量的83%（見表4.2），到二〇一〇／一一年度為止的五季裡，非洲外銷量占世界外銷市場的比重高達77.4%，其中象牙海和和迦納分占37%與22%。在同一段期間，亞洲的出口占比為16.4%，拉丁美洲為6.2%。

　　二〇一〇／一一年度時，歐洲（主要是歐盟）進口量約占世界進口的57%，美國為14%，亞洲（含日本）則占13.4%，這比二〇〇二／〇三年度的8.4%明顯增加。

表4.2　主要出口國及進口國，二〇一〇／一一年度[a]

出口國			進口國		
	千噸	總數的%		千噸	總數的%
象牙海岸	1,079	36.1	荷蘭	806	24.1
迦納	697	23.3	美國	472	14.1
印尼	275	9.2	德國	434	13.0
奈及利亞	219	7.3	比利時	194	5.8
喀麥隆	204	6.8	法國	149	4.5

a 收成年度十月至隔年九月
資料來源：國際可可組織

產量及庫存

可可的生產高度集中在世界上某些特定地區，主要是在西非、印尼和巴西，象牙海岸是世界上最大的生產國，其收成約占二〇一〇／一一年世界年度總收成的35%（見圖4.1），不過，因國內局勢動盪導致投資卻步，該國近幾年的產量成長率開始降低。其他西非國家——尤其是迦納和喀麥隆——的產出則是持續增加；二〇〇二／〇三年度至二〇一〇／一一年度期間，迦納的平均產量年增率為12.9%。然而，個別西非國家收成量的評估值可能有被扭曲的嫌疑，因為農民為了爭取較高的可可豆出售價，常有跨國走私的行為。總的來看，西非四大生產國約占二〇一〇／一一年度全球產出的70%。印尼是世界第三大可可生產國。

二〇一〇／一一年度世界可可產量大幅成長18.6%，達到430萬噸的歷史新高水準，主要是西非生產國及另一個重要生產國——巴西——大豐收所致。促使可可豐收的重要原因之一是反

圖4.1　可可產量^a，二〇一一／一二年度

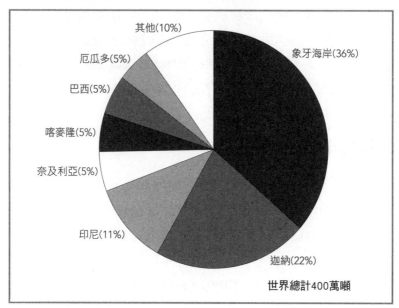

其他(10%)

厄瓜多(5%)

巴西(5%)

喀麥隆(5%)

奈及利亞(5%)

印尼(11%)

象牙海岸(36%)

迦納(22%)

世界總計400萬噸

a 毛產量十月至隔年九月
資料來源：國際可可組織

聖嬰氣候現象，這個氣候現象對西非可可生產非常有利，另一個原因是，由於可可豆價格頗具吸引力，促使農民加強維護農地。然而，二〇一一／一二年度時，西非的的氣候狀況變得不是那麼有利，全球產量也降到400萬噸。

可可產量缺乏彈性，無法立即回應價格的波動，因為要建立一片具商業生產力的種植區，得花上好幾年的時間。然而，增加肥料和農藥的使用有助於提高產收率。

一九九〇年代，整體可可市場呈現供過於求的狀況，而二〇〇〇年代則變成供不應求，供不應求的情況至少一直延續到二〇

○八年至○九年。然而，庫存水準一直維持在健康的水準。一般來說，以前多數庫存都掌握在進口國手中，尤其是西歐的主要入口港，不過，近幾年由於生產國的加工業務持續成長，故情況已經轉變。二○一○／一一年度的大豐收和疲弱的消費成長導致庫存上升是促使價格在二○一一年至一二年間下跌的因素之一。

可可的市場

　　倫敦（泛歐交易所—倫敦金融期貨交易所〔Euronext-LIFFE〕）和紐約（紐約期貨交易所〔NYBOT〕）的股票交易所都有交易可可期貨，而期貨交易是可可現貨交易的重要參考。價格標竿由倫敦及紐約的交易所設定，所以生產國或買家都難以操縱本地市場的價格。通常本地市場的貿易相當自由，但競爭非常激烈，只有迦納例外，該國的可可亞行銷局（Cocoa Marketing Board，簡稱Cocobod）是獨占買家（monopsony）。Cocobod會直接外銷，也會透過主要出口商外銷。二○一二年，象牙海岸展開多項改革，希望能就此終結長年管理不善、收成率下降及農民漸漸轉種其他作物等問題。其中，改革計畫設定了一個農民最低收購價（約當國際價格的50%至60%），並成立遠期拍賣會，以確保農民能有一個交易可可的市場。未來其他非洲生產國也可能採行類似的定價機制。公平貿易組織在定價時並未考慮市場因素。

　　近幾年來，期貨市場各種投資基金的活動，對可可的短期價格波動造成非常顯著的影響。二○○七年年中至二○○八年年中，可可價格大漲，有一半要歸功於這些基金，但後來可可價格因全球經濟成長趨緩而大跌，其中一半跌幅也是這些基金的「傑

作」。

價格趨勢

　　過去幾十年間,可可價格波動非常激烈,部分導因在於它的供給集中來自少數幾個生產國,所以,一旦任何一個大生產國遭遇惡劣氣候或人民抗爭(會導致產出或貿易中斷)等問題,市場供給就可能短缺。可可市場上的金融投資者也加劇了可可市場的價格波動性。二〇〇七年和二〇〇八年的平均年度價格分別上漲23%及32%(見圖4.2),後來由於投資人整體逃離原物料商品市場、消費大幅萎縮及西非大豐收,價格又回跌。二〇一〇／一一

圖4.2　可可庫存與價格

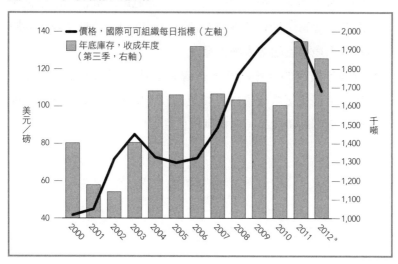

資料來源:國際可可組織

年度的大豐收、高庫存和疲弱的全球經濟成長讓二〇一二年的價格備受壓抑，儘管後來西非的供給展望惡化，也沒有對價格形成顯著支撐。

未來展望

- 可可的供給展望良好（除了非預期的衝擊如負面氣候），所以就中期而言，價格大幅上漲的潛力受限。幾個大型生產國分別擬定了非常積極的產量目標（有些甚至設下了投資目標），而且小生產國也有增產計畫，尤其是秘魯、巴布亞新幾內亞、多明尼哥共和國、哥倫比亞、墨西哥、中美洲、玻利維亞、越南、印度和坦尚尼亞。

- 聖嬰現象（一種全球氣候現象）經常會對短期供給造成衝擊。嚴重的聖嬰現象可能造成乾旱的氣候，傷害到印尼甚至西非（儘管這個相關性還有待證明）的可可亞種植場，同時為厄瓜多和巴西帶來嚴重降雨。

- 近幾年緩慢的全球經濟成長導致消費者開始對價格斤斤計較，這促使很多糖果糕餅製造商放棄使用可可脂，轉採較廉價的蔬菜油替代品（如棕櫚核仁油）。

咖啡

　　咖啡豆其實並不是豆子，而是藏在一種熱帶樹木果實（因咖啡樹的果實外表鮮紅光亮，故又被稱為cherry，即咖啡櫻桃）裡的種子。這種樹木大量生長在亞洲、非洲和拉丁美洲國家。國際上交易的咖啡主要有兩類，包括阿拉比卡咖啡（arabica）與羅巴斯塔咖啡（robusta）。阿拉比卡咖啡樹生長在高海拔地帶，通常是種在火山土裡，由於這種咖啡樹的種植難度和種植成本都比較高，所以它生產的咖啡豆也較昂貴。羅巴斯塔咖啡樹成長在較低海拔，豆子的口味較濃烈，不過一般認為它的香氣較遜色。很多國家同時生產這兩種咖啡，至於咖啡的種植者方面，有很多小型自耕農，也有很多大型農場和集團，大型業者尤其常見於拉丁美洲和肯亞。

　　咖啡農和可可農一樣，通常會把豆子（也稱生豆，是烘焙前的稱呼）賣給當地的合作社或買家，接著，後者再將生豆外銷到消費國，進行烘焙或加工。最後，烘焙業者再直接把咖啡豆賣給零售商。咖啡烘焙業務的集中度相當高，四家企業的咖啡貿易量占了世界貿易量的40%，而三家咖啡烘焙公司也占了45%的加工業務。

加工與加工者

　　咖啡有兩種主要的加工法：包括用在多數羅巴斯塔咖啡和某些阿拉比卡咖啡（這兩者主要是用在混合及即溶咖啡）的「乾燥」法，和用在多數阿拉比卡及某些羅巴斯塔咖啡的「水洗」法。水洗處理過的咖啡（又稱溫和類的咖啡），最適合用來製造濾滴式咖啡，主要是在哥倫比亞、中美洲、墨西哥、肯亞和坦尚尼亞生產。乾燥法咖啡比較苦一點，最適合製造蒸餾咖啡，多半是在巴西和衣索比亞生產。一般經常會把這兩種咖啡混合在一起。

　　多數加工作業都是在最終消費國進行，消費國迄今依舊支配著咖啡加工業務。然而，近幾年加工業務的成長全數來自咖啡生產國，只是它們的加工業務量目前仍遠低於歐洲和美國。

消費與貿易
區域趨勢

　　二〇〇六／〇七年度及二〇一〇／一一年度（十月至隔年九月）期間，世界咖啡消費平均每年成長2.3%，成長主要來自咖啡出口國和原本沒有飲用咖啡傳統的國家，由於這些國家的所得持續上升，所以對咖啡的消費增加，其中亞洲和俄羅斯的消費增加特別多。然而，二〇〇八年至〇九年全球經濟陷入衰退後，咖啡消費受到衝擊，二〇〇九年萎縮近1%（儘管價格大跌），因為咖啡在這些較新的市場還被視為一種奢侈品。事實上，儘管一般認為歐洲是比較沒有彈性的消費市場，但這段時間它的消費也下降了。

近幾年來品牌咖啡館快速展店，是促進已開發市場咖啡消費成長的主要原因，尤其是美國，當然，較新的消費國亦然。精緻咖啡（Speciality coffee）——如公平貿易、有機、對生態環境友善，及單一產地的咖啡——的市場占有率也日益上升，尤其是在已開發國家。此外，隨著全球經濟成長趨緩，讓消費者能自己在家調理咖啡（原本只有在咖啡館才喝得到）的家用咖啡濾煮設備也愈來愈普及化。

巴西是二〇一〇／一一年度世界上僅次於美國的第二大咖啡消費國，消費量為1910萬袋（見表4.3）。當地的消費成長率一直

表4.3　主要咖啡消費國ᵃ

	二〇〇六／〇七年度		二〇一〇／一一年度	
	百萬袋 （60公斤裝）	總數的%	百萬袋 （60公斤裝）	總數的%
進口國ᵇ	93.1	72.7	95.5	70.1
歐盟	41.2	32.1	41.0	30.1
美國	21.2	16.5	21.8	16.0
日本	7.3	5.7	7.1	5.2
其他	23.5	18.3	25.6	18.8
出口國	35.0	27.3	40.7	29.9
巴西	16.3	12.7	19.1	14.0
衣索比亞	2.7	2.1	3.4	2.5
印尼	2.8	2.2	3.3	2.4
墨西哥	2.0	1.6	2.4	1.7
其他	11.1	8.7	12.5	9.2
消費合計	128.1		136.2	

a 收成年度十月至隔年九月；b 定義為淨消失
資料來源：國際咖啡組織（International Coffee Organisation）

都相當強勁,近幾年平均成長4%,但若考量充沛的供給面,巴西的咖啡消費水準其實只算溫和(大約只有多數歐洲國家的三分之一),主要原因在於該國缺乏飲用咖啡的文化。其他出口國的消費也大幅成長,包括衣索比亞、墨西哥和越南:這些新興市場的城市化程度上升、咖啡文化的逐漸形成以及民間消費的高度成長,讓咖啡需求得以維持不墜。不過,以中國的規模來說,一年區區60萬袋的消費量,實在是極低。

貿易

　　根據國際咖啡組織的數據,截至二〇一〇/一一年度為止,巴西為世界最大出口國(但越南在二〇一一/一二年度超越它),約占二〇一〇/一一年度全球出口的三分之一,其次是越南和哥倫比亞,市占率分別約19%和7%(見表4.4)。

　　美國是二〇一一年最大的單一進口國,約占總進口量的24.2%。德國是第二大進口市場,但歐盟進口量總計共占全球的

表4.4　主要出口國及進口國

出口			進口		
	千袋	總數的%		千袋	總數的%
巴西	31,880	30.6	美國	26,088	24.2
越南	19,575	18.8	德國	20,926	19.4
哥倫比亞	7,017	6.7	義大利	8,362	7.8
印尼	6,185	5.9	法國	7,544	7.0
印度	5,939	5.7	比利時	5,828	5.4

資料來源:國際咖啡組織

65%。日本是另一個重要的進口需求來源。

　　以前咖啡是以最原始的生豆形式外銷，不過，有愈來愈多生產國開始從事加工業務。然而，加工過的咖啡無論是運送費用或進口關稅都可能比較高，而且消費者通常希望能加強對烘焙製程的掌握度。儘管如此，咖啡生產國的即溶咖啡（約當生豆）出口還是持續增加，目前約占總出口量的8%至10%，二〇〇〇年時，它的占比只有5.3%。到目前為止，巴西是最大的即溶咖啡出口國。由於咖啡產業主要是受少數幾家跨國企業掌握，尤其是雀巢（Nestle，瑞士）、莎拉李／都伊艾格堡（Sara Lee/Douwe Egberts，美國）和卡夫食品（Kraft，美國），所以咖啡農影響價格或整體市場的力量也相對降低。

產量及庫存

　　二〇〇六／〇七年度至二〇一〇／一一年度間，全球咖啡產量平均年成長率為3.2%，不過，這已經比一九九〇年代的近4%年增率降低。這反映出缺乏投資（主要是巴西）及一系列氣候干擾等問題對供給的影響。到目前為止，巴西是世界上最大生產國（見圖4.3），二〇一〇／一一年度的全球產量占比約32%（但已連續兩年下降）。在過去，巴西產出的變化有可能導致全球供給出現季節性短缺或過剩，不過近幾年來其他供應國的產量強勁成長——尤其是越南，所以咖啡市場受巴西產量影響的程度已經不那麼高。可能對巴西收成造成危害的是該國南部每年六至八月間的霜害，還有北部九月至十二月間的乾旱期，而北部目前仍是比較重要的生產區域。由於該國阿拉比卡咖啡樹是兩年一穫，這個特

圖4.3 咖啡產量二〇一一／一二年度

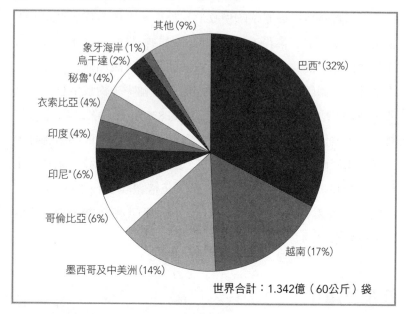

其他(9%)

象牙海岸(1%)
烏干達(2%)

秘魯ª(4%)

衣索比亞(4%)

印度(4%)

印尼ª(6%)

哥倫比亞(6%)

墨西哥及中美洲(14%)

巴西ª(32%)

越南(17%)

世界合計：1.342億（60公斤）袋

a 收成年度四月至隔年三月，其他全部是十月至隔年九月
資料來源：國際咖啡組織、美國農業部、經濟學人智庫

性也對收成規模有所影響（巴西是唯一有顯著收成淡、旺季之分的生產大國）。哥倫比亞、秘魯、厄瓜多、墨西哥和中美洲也都是重要的咖啡種植區域，不過，近幾年哥倫比亞的產出降低，部分是由於惡劣氣候，部分則是由於實施土地再生計畫，但這項計畫將有助提升未來的產出。

亞洲（主要是印度、印尼和越南）的產出大約占全球產出的25%。儘管傳統的供應國印尼產出停滯，但越南及印度的產量卻強勁成長，尤其是越南。越南的咖啡（羅巴斯塔）產量持續因咖啡種植及農田維護工作改善而增加。目前它已是世界最大咖啡出

口國（這反映出其國內消費量非常低）及第二大生產國，二〇一
一／一二年度的收成為2250萬袋。

非洲的咖啡農業向來受投資匱乏之苦，而且不時受到人民暴
動因素衝擊，所以，目前該區域可外銷的供給量占全世界總出口
量的比重僅略高於12%。然而，這個地區有很多國家——包括烏
干達、坦尚尼亞（國家對農民授信）及喀麥隆——都已擬定了非
常積極的擴大種植計畫。另外，象牙海岸歷經人民暴動所造成的
供給中斷後，預期該國的咖啡產量也將增加。

咖啡的市場

咖啡的主要國際期貨市場位於紐約（阿拉比卡）及倫敦（羅
巴斯塔）；紐約在二〇〇七年展開一種羅巴斯塔電子合約交易。
另外，聖保羅和東京也有非常大的咖啡期貨市場。紐約和歐洲的
勒哈佛爾（Le Havre）、馬賽（Marseilles）、漢堡（Hamburg）及
不來梅（Bremen）等地也有生咖啡豆現貨交易。而且，目前網路
上也有非常成熟的特級阿拉比卡咖啡拍賣市場。

價格趨勢

幾十年來（一九六〇年代至一九八〇年代），咖啡價格一直
都受到國際咖啡協議控制，這項協議希望能藉由管理出口量，將
價格維持在消費國及生產國都能接受的水準。一九八九年七月
起，這項干預行動結束，後續咖啡價格也因巴西及越南大幅增產
而受重創。二〇〇一年至〇三年間，咖啡價格尤其低迷，平均每

磅價格僅63美分（阿拉比卡），後來，由於連續幾季收成不佳，
導致庫存降低，加上需求轉趨強勁，咖啡價格遂暴漲（見圖
4.4）。到二〇〇八年時，每磅價格平均已接近140美分，這主要
是因二〇〇八年至〇九年全球金融危機爆發前的投資炒作風潮所
致。

　　後來，儘管全球經濟走下坡，但咖啡價格卻意外相對抗跌且
迅速反彈，這多半是拜收成不佳之賜，這意味從二〇〇七／〇八
年度至二〇一一／一二年度的五個年度，咖啡市場其實是處於供
給不足的狀態。價格在二〇一一年達到每磅271美分的年度平均

圖4.4　咖啡庫存及價格

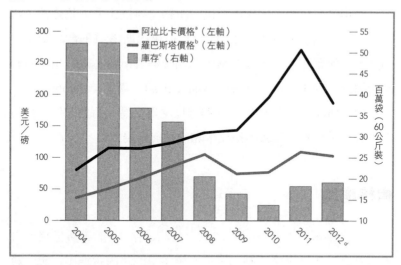

a 國際咖啡組織其他溫和類咖啡指標
b 國際咖啡組織羅巴斯塔指標
c 九月三十日當天出口國的毛庫存量及進口國的估計庫存量
d 經濟學人智庫估計
資料來源：國際咖啡組織

價格。然而，由於供給面改善，加上這段時間的消費成長率不高（價格偏高可能是原因之一），導致咖啡價格又在二〇一二年大跌，阿拉比卡咖啡價格下跌31%，羅巴斯塔則跌了6%。

未來展望

- 二〇一二年的全球咖啡庫存水準依舊偏低，而且，產量必須連續幾年大幅超越需求，庫存才能回升到較合理水準。而若任何一個大型生產國發生嚴重供給中斷情事，就可能導致價格節節高升。

- 供給應該會繼續成長，因為很多國家都已開始推動土地再生計畫，或即將推動以提升收成率及降低成本為目標的計畫。此外，多年來的高咖啡價格讓農民有能力在改善作物維護作業及擴大種植面積等方面進行更多投資。.

- 全球咖啡消費展望並不特別樂觀，因為多數OECD國家的成長率將明顯低於（歐洲最明顯）非傳統市場（主要位於開發中國家）一段時日。

纖維

棉花

　　棉花是一種柔軟的纖維，生長在各種不同的棉屬（gossypium）植物上，而棉屬植物屬於錦葵（mallow）科的植物。人類耕種的棉花植物主要可分為四種：原產於美國中部的陸地棉（gossypium hirsutum），約占世界產量的90%、一種秘魯原生種、一種中東及非洲原生種，還有一種原生於南亞的樹棉。棉花長在棉花樹種子的周圍，目的是保護果莢或珠蒴，它幾乎是一種純纖維質，這代表它的質地柔軟、透氣，而且很能吸收濕氣。

　　以前棉花是靠人工採收，過程非常艱苦。不過，現在採收已機械化。一旦收成，必須梳理棉花並去除種子，以前這道程序也是用人工來完成，但現代人改用棉花打樁機來處理將用於紡紗的棉花。棉花通常會被紡成絲狀，以便製造紗線或棉紗。中間加工作業可分為非常多階段，包括紡紗、編織、縫合、染整、成布及成衣製造等。

消費與貿易
區域貿易

　　儘管棉花面臨其他天然纖維如羊毛、亞麻、黃麻及竹子等的競爭，但更嚴厲的競爭壓力其實是來自合成（石化相關）及人造（纖維素相關）纖維，所以，如今棉花在諸如一般服裝、運動服裝、男用針織品及工藝紡織品的用量已非常小。現在，生產商在製造很多其他產品──如針織襯衫──時，通常會把棉花和其他纖維（通常是聚酯纖維）混紡在一起。二〇一〇年時，棉花消費占世界纖維消費量的三分之一左右，而一九九〇年時，它的占比還接近一半。

　　大約有60%的棉花消費是用來製造衣物，主要是牛仔褲、襯衫和T恤。另外，還有很高的比重是用來生產家用紡織品，像是毛巾、餐桌用布、床單、窗簾和家飾編織品等。其他用途包括非編織產品如脫脂棉、繃帶、及其他較工業用的產品如棉紗、帆布等。

　　歐洲、日本和美國的棉花消費長期呈現下降趨勢，因為相關製造業務已遷移到世界上較低成本的地區，尤其是亞洲。一九九四年北美自由貿易協定（North American Free Trade Agreement，簡稱NAFTA）促使墨西哥和加勒比海國家紡織業對棉花的用量大增，這主要是因為它們對美國的服飾出口大增。然而，從二〇〇五年起，這些國家的市占率又因更低成本的競爭（主要來自中國）而降低。

　　中國在二〇〇一年十二月加入世界貿易組織（WTO）後，其紡織及成衣產業便明顯成長。二〇〇五年一月一日紡織及成衣協

定（Agreement on Textiles and Clothing，簡稱ATC）終止後，影響更加明顯，自此之後，中國及印度半島的出口更大幅增加。

目前中國是世界上最大的棉花消費國，約占二〇一一／一二年度（收成年度為八月至隔年七月）全球總消費量的38%；印度是第二大消費國，同年的市場占有率為19.4%（見表4.5）。然而，由於近期棉花價格大漲，加上有進口原棉的需要，中國紡紗業開始放棄棉紡，轉作純人造纖維或棉花及人造纖維混紡的產品。

表4.5　主要棉花消費國

	一九九二／九三年度		二〇〇一／〇二年度		二〇一一／一二年度	
	百萬噸	總數的%	百萬噸	總數的%	百萬噸	總數的%
中國	4.59	26.1	5.70	29.1	8.64	37.8
印度	2.10	12.0	2.91	14.9	4.42	19.4
巴基斯坦	1.51	8.6	1.86	9.5	2.16	9.5
土耳其	0.68	3.8	1.30	6.6	1.30	5.7
巴西	0.80	4.5	0.83	4.2	0.89	3.9
美國	0.11	0.6	0.24	1.2	0.72	3.2
孟加拉	2.23	12.7	1.68	8.6	0.70	3.1
歐盟	0.45	2.5	1.08	5.5	0.18	0.8
其他	5.12	29.1	3.97	20.3	3.82	16.7
合計	17.57		19.57		22.83	

a　七月三十一日為年底

資料來源：國際棉花諮詢委員會（International Cotton Advisory Committee）

貿易

　　根據國際棉花諮詢委員會的統計，棉花出口量約占二〇一一／一二年度世界棉花產量的36%。美國向來是原棉的最大出口國，那一年占世界出口的25%，約250萬噸（見表4.6）。僅次於美國的出口國是印度，接下來是澳洲，占比分別為24%及10%。儘管非洲法郎區（franc zone）國家都是一些個別的小型生產國，但它們目前在出口市場的重要性日益上升，二〇一一／一二年的整體出口占比為5.5%。有些國家——尤其是印度——有時為了保護其大型紡織產業而限制棉花出口，這種作為可能扭曲市場機制，也會形成一股決定價格的強大力量。

　　中國為世界最大的進口國，占二〇一一／一二年全球進口量的55%。其他東亞及東南亞國家——印尼、南韓、台灣、泰國和日本——也都是大型進口國。亞洲進口量約占二〇一一／一二年

表4.6　二〇一一／一二年[a]主要出口國及進口國

	出口			進口	
	千噸	總數的%		千噸	總數的%
美國	2,526	25.9	中國	5,342	55.0
印度	2,410	24.3	孟加拉	680	7.0
澳洲	1,043	10.5	土耳其	519	5.3
烏茲別克共和國	585	5.9	印尼	440	4.5
非洲法郎區[b]	550	5.5	泰國	275	2.8

a 七月三十一日為年底；
b 貝南、布吉納法索、喀麥隆、中非共和國、查德、象牙海岸、馬達加斯加、馬利共和國、尼日、塞內加爾、多哥。
資料來源：國際棉花諮詢委員會

全球貿易量的75%。二○一一年九月時，中國政府啟動一項大型儲備採購計畫，促使隔年的棉花進口量大增，儘管其紡織品產量及外銷成長率顯著降溫。

產量

中國在二○○二／○三年度取代美國，成為世界最大的棉花生產國，而到二○○六／○七年度，美國又被印度超越，落後為第三名。到二○一一／一二年度，中國依舊是世界最大生產國，全球產出占比接近27.4%，不過，印度的產量也不遑多讓，市占率為21.5%（見表4.7）

美國政府對棉花生產者及出口商提供補貼；近幾年來，這個

表4.7　主要棉花生產國[a]

	一九九二／九三年度		二○○一／○二年度		二○一一／一二年度	
	百萬噸	總數的%	百萬噸	總數的%	百萬噸	總數的%
中國	4.51	25.1	5.32	24.8	7.40	27.1
印度	2.38	13.2	2.69	12.5	6.00	22.0
美國	3.53	19.6	4.42	20.6	3.39	12.4
巴基斯坦	1.54	8.6	1.78	8.3	2.29	8.4
巴西	0.42	2.3	0.77	3.6	1.88	6.9
烏茲別克共和國	1.31	7.3	1.06	4.9	0.88	3.2
其他	4.31	23.9	5.44	25.3	5.43	19.9
合計	18.00		21.48		27.27	

a 七月三十一日為年底
資料來源：國際棉花諮詢委員會

作法引發非常多爭議，巴西和非洲國家不斷對這些補貼提出質疑。儘管歐盟國家——尤其是西班牙和希臘——也都提供補貼，但因它們的產出規模小，所以其補貼作為並未成為爭論的焦點。中國也實施生產者獎勵措施，不過，由於它是棉花的淨進口國，所以它提供獎勵的作法也未被視為扭曲市場的行為。印度和很多非洲生產者為農民提供最低支持價格，但補貼的程度通常很低。

目前基因改良作物已愈來愈普遍，尤其是印度，這種棉花作物約占其產量的90%至95%，也讓它近幾年的棉花產出顯著增加。然而由於價格下跌，印度種植棉花的農民開始考慮轉種其他作物，如較不需要投入大量人力、使用較少農藥而且收成循環較短（這樣就能一年兩穫）的黃豆。

自從蘇聯瓦解後，東歐及中亞的棉花產量一度下降，不過，目前烏茲別克共和國、土庫曼共和國、塔吉克共和國和哈薩克共和國的產量已經恢復，而且，這些國家向來頗具價格競爭力。非洲法郎區國家的產量因低價（最初）及不正常的季節性降雨而受創。然而，由於它們對這個產業的投資相當積極，所以目前收穫量已開始增加。

棉花容易受害蟲感染，所以必須大量使用除草劑和農藥。過去十年間，種植者已開始生產價格昂貴許多的有機棉花，由於在棉花生長過程中完全不使用農業，而且收成時不使用剝削勞工的作法，所以這種棉花也被稱為「道德」有機棉。

棉花的市場

棉花指數（Cotlook A index）是國際公認的棉花現貨交易標

竿價格。它是根據亞洲市場可取得的五種最便宜的棉花計算而來。紐約的洲際期貨交易所也有棉花期貨及選擇權交易。世界各地大約有二十個棉花交易所，分別位於有從事原棉交易的生產國及消費國。

棉花的等級是依照原產國、纖維長度、細緻度和成熟度來劃分。目前已有客觀的分級條件，其中最受重視的是馬克隆尼纖維品質排名（micronaire ranking of fibre quality）。

價格趨勢

棉花價格會受到其他工業原料的價格趨勢、其他可能替代產品（羊毛及人造纖維）價格、紡織產業發展、美元價值及和棉花有關的基本供需情勢等眾多因素的影響。因此，近幾年棉花價格波動性非常大。

在二〇〇三年至〇八年全球經濟強勁成長期間，棉花價格因中國紡織出口部門的強烈需求帶動，平均年度漲幅達8.6%。因價格上漲，供給遂開始增加，所以，這段期間的市場漸漸變得供過於求，庫存也穩定增加。一如所有工業原料的價格走勢，二〇〇九年的棉花價格也反映需求疲弱而下跌近13%。不過，二〇〇九／一〇年度收成不佳，讓市場陷入供不應求，棉花價格也隨之急漲，二〇一〇年及二〇一一年價格又分別因供給展望趨向緊縮而大漲近67%及45%（見圖4.5）。然而，由於需求成長疲弱（部分是導因於價格上漲），於是，二〇一一年下半年，棉花價格又開始重挫，到二〇一二年一整年都未停止跌勢。而受先前的高價激勵，二〇一一／一二年度的棉花大豐收，讓價格受到進一步壓

圖4.5　棉花庫存及價格

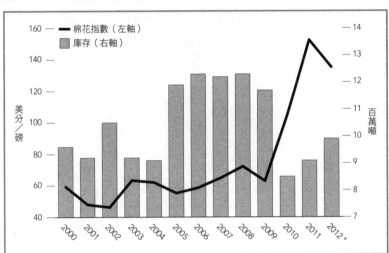

a 經濟學人智庫估計
資料來源：國際棉花諮詢委員會

抑。中國為了補充國家棉花儲備而大量買進棉花，是這段時間少
數支撐棉花價格的因素之一。

未來展望

- 二〇一二年中國的國內價格顯著高於國際價格，於是棉紡業
  者開始使用人造纖維或用較便宜的棉花製成的進口紗線。政
  府也對纖維進口實施限額管制。這種干預政策有可能壓抑棉
  花消費。
- 棉花價格的重挫應該會形成鼓勵消費的效果，不過，目前人
  造纖維的價格依舊非常低。

■ 棉花是一種可持續生產的纖維（意思是，它來自作物，可以再次栽種，多數人造纖維都是石油製品，而石油是一種有限資源），中期而言，這個特性應該能讓棉花的吸引力提高。

羊毛

　　人類飼養綿羊是為了取用牠們的毛或肉，或兩者皆是。不過，隨著開發中國家所得增加、肉類消費成長，飼養綿羊的農民愈來愈聚焦於羊肉——而非羊毛——的生產。

消費及用途

　　世界上大約有三分之二的羊毛用來製成衣服，剩下的（通常是比較粗劣的羊毛）用來製造地毯和家飾用品。傳統上，羊毛被用來製造厚重的毛織纖維，並進一步製成大衣和套裝，不過近幾年來因需求降低，有愈來愈多廠商用羊毛來製造薄織羊毛纖維。另外，為了讓羊毛的使用者更方便，相關業者也投入相當多努力，開發可機器清洗的羊毛。不過，合成纖維中的亞克力棉和聚脂纖維能有效取代羊毛在編織衣物及毛毯方面的用途。

　　整個紡織產業逐漸遷移到低成本生產區域的趨勢，讓羊毛的消費也受到和棉花類似的影響。羊毛除雜業及毛線（供毛紡業使用）製造業占羊毛中間市場的大宗。

　　一九八〇年代，歐盟、美國和前蘇聯是羊毛的最大消費者，但過去幾十年，這些市場的規模明顯下降。蘇聯的解體導致羊毛的區域需求降低，因為在當地，軍裝是羊毛的重要最終用途。儘管歐盟的市場規模持續降低，但目前它仍舉足輕重，當地消費約占二〇一〇／一一年度總消費量的16%。義大利和土耳其迄今仍是大型成衣製造國，而比利時則是重要的地毯製造國。儘管歐盟

羊毛消費量的下降似乎是一個結構性的趨勢，但全球經濟成長遲緩讓這個趨勢變得更嚴重。很多跡象顯示，對價格愈來愈斤斤計較的消費者漸漸放棄純羊毛服裝，改穿較便宜的羊毛／人造纖維混紡服飾或甚至純人造纖維製的服裝。另外，一般人漸漸不再那麼喜愛羊毛地毯鋪成的地板，而偏好木地板，這也讓粗劣羊毛的消費降低。如果不是英國帶頭發起「全球羊毛運動」（Campaign for Wool），消費縮減的情況可能更嚴重。這個活動鼓勵服裝設計師使用羊毛，同時推廣羊毛（相對人造纖維）的環境利益。

目前中國是世界上最大的羊毛消費國，二〇一〇／一一年的市占率約38%（見表4.8）。就羊毛加工機械來說，中國已安裝的長纖紡錘約占全球總數的25%，而羊毛織布機則占了20%。此外，中國的羊毛加工產業目前還持續投資及升級機械設備。然

表4.8　主要羊毛消費國，二〇一〇／一一年度[a]

	千噸	總數的%
中國	402	37.8
歐盟	170	16.0
印度	82	7.7
土耳其	46	4.3
俄羅斯	16	1.5
烏茲別克共和國	16	1.5
日本	11	1.0
美國	7	0.7
其他	315	29.6
合計	1,065	

a　六月三十日為年底

資料來源：國際羊毛貿易組織（International Wool Trade Organisation）、經濟學人智庫

而，目標市場（尤其是歐洲）需求疲弱已經導致中國的羊毛消費量降低。世界第二大消費國是印度，約占有8%的市場。

產量

羊毛供給受澳洲支配（見圖4.6），當地的羊毛通常是以未脫脂（未除雜質）羊毛的形式在拍賣市場上出售。貿易商扮演生產者和加工者（主要位於北半球的中國及歐洲）之間的媒介，將不同等級羊毛的供給面和紡織貿易的需求面撮合在一起。愈來愈多

圖4.6 羊毛產量[a]，二〇一〇／一一年度

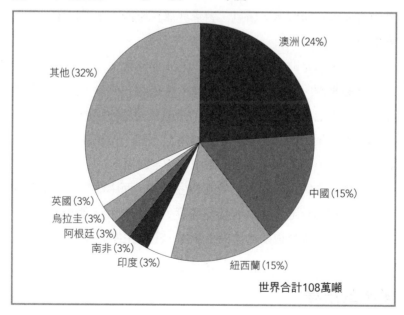

澳洲（24%）

其他（32%）

中國（15%）

英國（3%）
烏拉圭（3%）
阿根廷（3%）
南非（3%）
印度（3%）

紐西蘭（15%）

世界合計108萬噸

a 六月三十日為年底；約當潔淨羊毛
資料來源：國際羊毛貿易組織、經濟學人智庫

澳洲綿羊是混種羊，這種羊生產的毛較粗劣，主要是為了生產羊肉而飼養，換言之，當地飼養的美麗諾綿羊（生產較細緻的羊毛）已愈來愈少。

一九九○年代，中國的羊群數量大幅增加，但後來因國內對羊肉的需求持續增加，使得近幾年羊群數量減少，羊毛產量當然也降低。然而，第十二個五年計畫（二○一一年至一五年）基於羊毛可持續生產的經濟優勢、污染控制已見改善及毛紡和染整技術明顯進步等，強調應扶植羊毛紡織產業；另外，各省政府目前也提供財務誘因給國內的羊毛生產者。然而，這個計畫不可能完全成功，因羊肉的價格及需求仍高，這意味羊肉的獲利率比羊毛高。此外，某些地區的農牧地因蘊含諸如煤、天然氣和石油等天然資源而被重新開發，所以，對那些農民來說，羊毛已不再是主要的收入來源。

紐西蘭則是非常重要的粗劣羊毛（通常是肉羊養殖業的副產品）供給來源，它是世界第三大羊毛生產國。然而，隨著羊群數量降低，羊毛產量也遞減，這多半是由於土地被用於其他用途，尤其是酪農業；而且儘管羊毛價格還算不錯，但相關單位並未鼓勵農民減少羊隻的屠宰（為供應增加的羊肉需求）。

澳洲是衣物用優質羊毛的主要生產國，而中國、紐西蘭和前蘇聯則是粗劣羊毛（用來製造地毯等）的主要生產者。阿根廷、烏拉圭和南非也是重要的羊毛生產國，主要生產衣物用羊毛。

羊毛的市場

羊毛分級制度是根據綿羊品種（美麗諾、混種等）、羊毛的

狀況（未脫脂或潔淨）、纖維品質和污染程度來分級。一般來說，羊毛的纖維愈長、愈細緻，等級就愈高。通常在區分等級時，會使用一些客觀的技術。

澳洲羊毛交易所（The Australian Wool Exchange，簡稱AWEX）平日彙編拍賣價，而AWEX東部市場指標（Eastern Market Indicator，簡稱EMI）被視為羊毛的標竿價格（是以澳分／公斤定價）。所有羊毛衍生性金融商品的交易都是以AWEX指標為基礎。目前多數的澳洲羊毛都還是在公開喊價的拍賣場上售出，這些拍賣場一年約營業四十六週，營業地點包括雪梨、墨爾本、弗里曼特爾和紐堡。紐西蘭國際羊毛公司（New Zealand Wool Services）負責彙編紐西蘭的羊毛銷售數據，這些價格被視為粗劣的地毯級羊毛的價格標竿。

價格趨勢

羊毛價格向來很穩定，大致上並未受到二〇〇三年至〇八年原物料商品價格飆漲的影響。在這段期間，衣物用羊毛價格平均每年下跌1%，而地毯用粗劣羊毛平均每年也只上漲2.3%。但從那時開始，羊毛產量下降的整體趨勢，漸漸為價格帶來正面的支撐效果，二〇一〇年羊毛價格大漲，二〇一一年又漲了接近40%（見圖4.7）。二〇〇八／〇九年度的庫存降到最低點，所以，重新建立庫存的需求也對價格形成支撐效果。

羊毛價格上漲的原因之一，當然是因為棉花價格飆漲，這讓身為其替代品的羊毛也跟著水漲船高。不過，二〇一二年羊毛價格因需求疲弱及澳幣和紐幣強勢升值（這導致進口商的成本上

圖4.7　羊毛庫存與價格

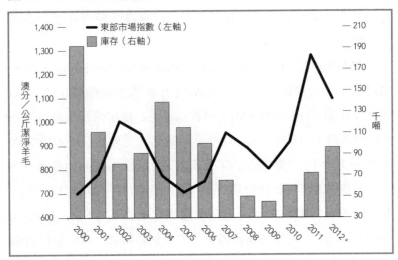

a 經濟學人智庫估計
資料來源：國際羊毛貿易協會

升）而下跌。（羊毛是少數沒有採用美元標竿價格的原物料商品
之一）。

未來展望

- 儘管價格已下跌，預期羊毛還是會比其他合成纖維甚至棉花
  昂貴，因此除非全球經濟恢復較高度的成長，否則相對高價
  將會壓抑羊毛的消費。
- 中期而言，隨著開發中國家所得上升，對較昂貴的羊毛衣物
  的接受度應該會增加，不過，這可能還是取決於時尚趨勢。
- 中國的羊毛紡織業開始面臨產能過剩、勞動和能源成本上升

及融資取得困難（也許是導因於前三個問題）等結構性問題。然而，中國目前正試圖提高產業附加價值、生產較昂貴的羊毛衣物，這意味中國的羊毛消費可能繼續成長。

■ 相較於多數人造纖維，羊毛是一種可持續生產的纖維（如棉花），所以中期來說，它的吸引力可能會上升。

■ 由於羊肉需求持續增加，加上單純為取得羊毛而飼養羊隻的活動降低，羊毛產量將繼續減少。

玉米

　　玉米是原生於北美及中美洲的糧食作物,溫暖的氣候、充足的陽光和排水良好的土壤最適合它生長,不過,即使環境條件不是那麼理想,玉米一樣能生長。

用途

　　二〇一一／一二年度的全球玉米消費量達到 8.53 億噸,比二〇〇〇／〇一年度增加 41%,其中大約有 60% 是耗用在動物飼料上,人類的消費量通常都只占大約 11%。其餘的玉米是用在產業界,主要是生產酒精和澱粉。龐大的美國飼料產業吸收了大約 15% 的全球供給量。其他以玉米為主要作物的地區消費量也非常大,包括中國、南歐及東歐、巴西和墨西哥,以及某些飼養大量家畜的非生產國如日本。玉米特別適合做為豬隻及家禽飼料,不過,如果小麥、高梁、黃豆或酒糟等工業副產品的價格較低廉時,玉米的飼料用途也可能局部被上述產品取代。

　　肉類需求愈來愈高,是驅動全球玉米經濟的兩股動力之一。大規模家禽及豬隻農場的建立,讓較低收入的開發中國家也買得起肉品,而這些農場大幅提振了玉米的需求。但自從一九九〇年

代末期以來，豬隻及家禽疫病的接連爆發（尤其是東亞及東南亞）使得消費者信心下降，甚至導致肉類貿易中斷，而這也進一步使玉米飼料用量及進口量的波動性上升。然而，每次這些負面事件發生後，需求大致上都很快就能夠復原。

決定玉米需求多寡的另一個主要因素是生物燃料的生產。利用玉米來製造酒精的國家主要是美國，由於政府提供稅額寬減，讓玉米製酒精的製造產能及原料需求大幅成長。而這項用途的玉米需求大增對飼料及食物價格所造成的衝擊，已經在美國國內及世界各地引發各種質疑，很多人認為這個政策是不智的。中國是玉米製酒精的第二大生產國，接著是歐盟及加拿大。

消費與貿易
區域趨勢

世界最大消費國美國的玉米消費量在二○○○／○一年首度超過2億噸，二○一一／一二年度的消費進一步增加至2.79億噸（見表4.9），主要消費產業是飼料及酒精業，後者的年度玉米消費量達1.1億噸。飼料需求受家禽飼養數量的循環性變化影響，而這個循環變化則是隨著更廣泛的美國及全球經濟趨勢和玉米價格（因為有替代品）波動。在可再生燃料標準（Renewable Fuels Standard，簡稱RFS）的支撐下，美國的酒精消費量維持不墜，這項標準強制規定汽車用燃料至少要摻入特定最低比例的可再生燃料。然而，二○一一年時，酒精製造業的玉米用量首見下滑，也許那是當年度玉米價格偏高及整體汽油消費量降低所致。近幾年因經濟走下坡，市場對建築材料及紙製品的需求降低，使得澱

表4.9　主要玉米消費國[a]

	二〇〇一／〇二年度		二〇一一／一二年度	
	百萬噸	總數的 %	百萬噸	總數的 %
美國	200.9	32.4	278.9	32.7
中國	123.1	19.9	181.0	21.2
其他東亞國家	64.2	10.4	84.7	9.9
巴西	35.0	5.6	51.1	6.0
墨西哥	25.5	4.1	29.8	3.5
其他拉丁美洲國家	24.1	3.9	32.9	3.9
歐盟	50.4	8.1	68.4	8.0
漠南非洲國家	35.9	5.8	55.6	6.5
北非	15.6	2.5	18.0	2.1
其他	45.3	7.3	52.8	6.2
合計	620.0		853.0	

a　本地交易年度
資料來源：國際穀物理事會（International Grains Council）、美國農業部

粉產業對玉米的消費量也降低；另外，玉米製糖精──包括高果糖玉米糖漿（high-fructose corn syrup，簡稱HFCS）──的消費也在下降。

　　中國是世界上第二大玉米消費國，二〇一一／一二年度共使用了1.81億噸，其中，飼料用途大約占了三分之二。中國政府已開始限制以食物及飼料用原料製造酒精，某些工廠因此轉而進口木薯片來做為原料。從二〇〇九／一〇年度起，中國就成為玉米的淨進口國，所以政府經常會藉由緩衝庫存政策來達到穩定零售價的目的。

　　巴西的飼料需求因家禽及豬隻外銷和國內肉品消費增加而上

升。另外，政府為「零飢餓」食物配銷計畫提供補貼，儘管主要是補貼稻米，但也刺激了食用玉米的需求，尤其是巴西東北部。墨西哥方面，其國產白玉米主要是供人類食用，而非作為飼料。儘管消費者近幾年已改變飲食習慣，但當地歷久不衰的飲食習慣（玉米麵餅）及人口的持續成長，讓玉米做為食材的占比持續上升。墨西哥的黃玉米（多半自美國進口）主要是用於豬隻飼養業。

在歐盟地區，玉米多半被用來做為動物飼料，而且用量隨價格及替代產品的可取得情況而定。由於歐洲穀物供過於求的情況從二〇〇〇年代初期就漸漸改善，加上本地供給又起伏不定，所以有時候會需要進口大量的穀物。不過，目前歐盟對於未經核准的基因改良玉米依舊採取零容忍政策。

過去十年，玉米的年度消費量平均每年穩定成長3.5%，但二〇一二／一三年度卻將出現一九九五年／九六年度以來首次降低的情況，主要是美國二〇一二年發生嚴重的乾旱，導致可取得的玉米量受限，進而影響到消費量，因為高玉米價格將產生需求約束的效果。

貿易

因動物飼料的需求持續增加，世界玉米貿易量得以繼續成長。二〇一〇／一一年度至二〇一一／一二年度的平均貿易量為9600萬噸，大約占總產出的11%。由於幾個中所得開發中國家的家禽產業持續成長，故其玉米進口需求也明顯上升，不過近幾年很多東南亞國家的低成本肉品進口，對上述中所得國家的國內家

禽產業造成壓力，並使其飼料進口逐漸減少。中國目前是玉米的淨進口國，估計二〇一一／一二年度的進口量接近530萬噸。墨西哥也是大型採購國（二〇一一／一二年度為1120萬噸），不過它的進口全數來自美國。

一般來說，除非收成不佳，否則歐盟國家多數的玉米都從法國進口，不過某些剛加入歐盟的會員國會從其他國家進口玉米。

在豐收年度時，多數非洲漠南國家的玉米都能自給自足。不過，如果遭遇乾旱，它們也有可能得進口大量玉米（或以食物援助的模式取得玉米）。以食品用途為主的非基因改良白玉米通常來自南非。某些國家並不完全排斥進口基因改良玉米，不過為了避免這類玉米污染國產玉米品種，它們的政策要求基改玉米必須先在入境口岸碾碎後才能入關。

到目前為止，美國是世界上最大的玉米出口國，二〇一一／一二年度的出口量為3850萬噸（見表4.10）。近幾年，它已廢除出口補貼政策，不過，競爭者還是宣稱美國政府換湯不換藥，因為間接支持的效果等同於出口補貼。此外，美國裝載的玉米貨物中，有時會（因疏忽）混雜未經（進口國）核准的基改品種玉米，進而引發美國和貿易夥伴之間的摩擦。

阿根廷向來是世界第二大玉米出口國，二〇一一／一二年度的出口量為1670萬噸。它的貨物通常是集中在收成後幾個月裝載，在四月達到高峰，而通常這段時間是北半球的冬季，所以它的競爭對手並不多。阿根廷和主要競爭對手不一樣，該國的玉米出口必須課稅，原因是近幾年來主管機關開始警覺到玉米外銷對國內價格的影響，所以緊縮可供出口的玉米，有時甚至完全關閉出口登記，這導致出口商和生產商面臨更多不確定性。巴西的玉

表4.10　主要出口國及進口國，二〇一一／一二年度

	出口			進口	
	百萬噸	總數的%		百萬噸	總數的%
美國	38.5	37.5	日本	15.0	14.6
阿根廷	16.7	16.3	墨西哥	11.2	10.9
烏克蘭	15.0	14.6	南韓	7.5	7.3
巴西	12.7	12.4	埃及	7.1	6.9
印度	4.4	4.3	歐盟	6.3	6.1

資料來源：美國農業部

米產量非常大，所以當然也是出口市場上的重要參與者，而且，由於它的非基改玉米占有特別的優勢，巴西玉米在歐洲市場的占有率也因此提升。

產量及庫存

近幾年，世界玉米產出大幅增加，二〇一一年時已達8.58億噸（見表4.11）。到目前為止，美國還是最大生產國，約占世界總產出的37%。美國玉米多數種植在中西部，伊利諾州和愛荷華州合計共占33%的產量。美國的產出量非常容易受當地氣候狀況影響，尤其一旦夏季中期出現短暫乾旱，其影響特別大——因為該時正值玉米的授粉季節，二〇一二年就發生了這個情況。另外，美國農民也會追蹤玉米及黃豆的相對價格，交替種植這兩種作物，轉作的規模有時相當大。

美國的玉米收成成長率持續高於其他穀物。目前具防蟲及除草劑功效的基改玉米種植面積已達整體種植面積的四分之三，比

表4.11　主要玉米生產國[a]

	二〇〇一年		二〇一一年	
	百萬噸	總數的%	百萬噸	總數的%
美國	241.4	40.5	313.9	36.6
中國	114.1	19.1	177.0	20.6
其他東亞國家	30.1	5.0	56.0	6.5
巴西	35.3	5.9	72.8	8.5
阿根廷	14.7	2.5	21.0	2.4
墨西哥	20.4	3.4	19.0	2.2
其他拉丁美洲國家	9.9	1.7	14.3	1.7
歐盟	50.1	8.4	66.0	7.7
漠南非洲國家	43.4	7.3	59.9	7.0
其他	36.8	6.2	59.4	6.9
合計	596.2		858.2	

a 主要在七月至十二月收成（南半球則是隔年稍早收成）
資料來源：國際穀物理事會、美國農業部

二〇〇一年的四分之一大幅增加。農民偏好基改玉米的原因是，它的可靠度較高，且投入成本較低。美國飼料產業在基改玉米的使用上，不像歐洲及東亞同業受到那麼多約束，不過，美國人常將未經核准的基改品種玉米混雜到貨物裡，運到較不容許基改玉米的國家，因此，美國應該設法找出更好的品種分段收割法。

　　二〇〇一年開始，經濟困境迫使阿根廷政府對農業課徵更多稅賦。然而，強勁的出口需求促使整體產量增加，而水利管理和農田機械化的投資也持續上升。現在，連邊際土地（marginal land，編按：生產價值僅能等同於耕種成本的低品質土地）都派上用場，有時這些土地會被用來種植基改玉米。不過，來自黃豆的競爭愈來愈大，因為黃豆種植成本較低，而且需要的肥料用量較少。

巴西也是重要的玉米生產國，近幾年因價格較高且外銷機會增加，所以巴西的產出也快速成長，二〇一一年的玉米產量達到7300萬噸（二〇〇一年僅3500萬噸）。耕種區域已漸漸移向北部和西部，但將玉米運送到主要需求中心的成本很高。目前已經有幾種基改玉米獲得商業量產的許可，儘管巴西的非基改玉米讓它贏得許多寶貴的出口市場，尤其是歐洲，但農民似乎迫切想採用新技術，因此，未來基改品種的種植面積可能還是會增加。

中國政府迄今仍支持穀物生產，它是目前世界上第二大玉米生產國，不過，還是需要進口才足以滿足國內需求。儘管生物技術似乎難不倒中國，但它的玉米品種都還不是基改品種。近幾年來，國內高漲的價格及高利潤已使年度種植面積提高，不過，部分是犧牲棉花和黃豆的耕種機會而來。外界目前依舊難以釐清中國真正的玉米產量，而且，政府數據的精確度也令人存疑，因為儘管近幾年玉米價格上漲且進口量激增，但官方數據卻還是一貫顯示國內產出年年增加。

由於玉米非常容易受乾旱影響，所以歐盟的玉米產量差異甚大，尤其是位於中歐和東歐的會員國。二〇一一年的產出約660萬噸。最大生產國法國的播種量因灌溉用水的減少而持續降低。而對較新成員國的農民來說，儘管市場擴大，但這項利益卻被提升的運輸成本抵銷。儘管西班牙有種植幾個品種的基改玉米，不過，歐盟多數公共意見仍反對基改玉米的生產及使用。另外，由於回收良好且出口需求強勁，烏克蘭農民愈來愈樂於種植玉米，該國近幾年的出口量也因此持續增加。

世界上多數的玉米庫存是掌握在中國和美國手上，但外界無法掌握中國的精確庫存數字，因為當地農民向來有就地儲存收成

且向主管機關隱瞞資產的傳統，另外，官方向來也對策略儲備及國家庫存數字三緘其口。一般推估中國的庫存量約5000萬噸，大約是全球庫存量的45%。

　　美國的庫存量對市場的意義就比較大，因為這些庫存可供出口。當美國的年底結轉額（carryover）降到（或預期將降到）一般認定的安全水準以下，市場就會開始緊張，價格也會激烈起伏。主要出口國二〇一一／一二年度的玉米庫存偏低，僅3500萬噸。

玉米的市場

　　玉米價格主要取決於美國的供給和國內外需求之間的平衡，不過也會受到阿根廷及中國可取得數量的影響。其次，玉米價格也會隨其他穀物的價格波動，只是近幾年來，玉米因收成不佳及庫存偏低而成為決定各種穀物價格的重要因子。

　　在芝加哥商品交易所（Chicago Board of Trade）交易的玉米價格和期貨最接近全球標竿，不過，其他地區和國家也有交易所，尤其是中國和拉丁美洲。位於倫敦的泛歐交易所－倫敦金融期貨交易所也有玉米期貨交易。

價格趨勢

　　二〇〇七年年底至二〇〇八年年中，由於美國對酒精產量的需求上升，加上產業界、國內飼料生產商和出口商彼此競相取得玉米的情況愈來愈激烈，促使玉米價格飆漲（見圖4.8）。價格

圖4.8　玉米庫存及價格

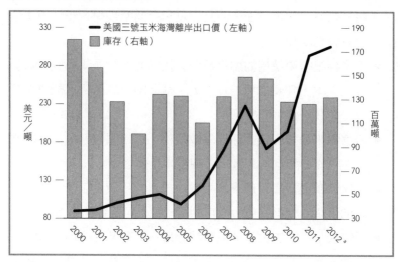

美國三號玉米海灣離岸出口價（左軸）
庫存（右軸）

a 經濟學人智庫估計
資料來源：國際穀物理事會

（以美國三號玉米海灣離岸價格為基礎）從二〇〇六年年初的約
每噸100美元飆漲到二〇〇八年六月的近320美元／噸高峰。儘
管價格迅速回跌，但二〇〇八年的均價仍達228美元／噸，比前
一年高出三分之一以上。儘管連續幾年的豐收讓二〇〇九年的價
格備受壓抑，不過，之後由於供給跟不上需求，價格又漸漸回
升。二〇一二年下半年，玉米價格再次因乾旱明顯將傷害美國收
成而飆漲。

未來展望

- 低庫存和高價格將導致消費面轉向玉米的替代物（尤其是動

物飼料用途），從而使玉米的消費量降低。然而高玉米價格將鼓勵農民種植玉米，而且一旦庫存開始恢復，預期消費量也將強勁回升。

- 玉米種植需要使用的燃料及肥料比其他作物多，而且，隨著投入成本上升及信用工具消失，很多國家的農民可能轉作黃豆，尤其是南美洲農民。

- 隨著愈來愈多出口國種植基改穀物，進口國──尤其是歐盟──可能必須重新考量是否調整其反對立場。

- 儘管酒精混合燃料需求多半取決於官方政策及玉米、酒精及石油價格的相對關係，但它的需求還是可能會略微減少。

- 低等級小麥及工業副產品將持續取代北美及部分亞洲國家玉米在家禽飼料方面的用途，尤其若玉米價格維持高檔，情況會更加明顯。

稻米

　　稻米是禾本科植物的一種，人類食用的是它的種子。它最適合生長在多雨的地區，因為傳統的栽植方法是將農田灌滿水（水稻田）——這個方法有助於去除野草和害蟲。稻米通常是一年一穫，不過某些國家（如印度）冬天和夏天都會播種。

　　稻米的品種繁多，不過，幾乎所有品種的種植都是為了供應人類食用，食用米約占總（碾磨）產量的90%。某些較劣質的稻米和過剩且無法銷售到市場上的庫存可能會賣給動物飼料廠。稻米也可用來釀酒或製造澱粉，不過，這是一個高度差異化的市場。多元化的品種——包括長粒米、中粒米和短粒米、香米、預熟米、碎粒及糙米等——分別供應不同的市場，功能多半也都不同。

消費與貿易
區域趨勢

　　稻米在南亞及東亞地區具備非常重要的文化意義，而且當地飲食習慣演變非常慢，尤其是鄉村。然而，經濟開發程度較高的亞洲國家如日本和南韓的人均稻米消費量已逐年穩定下降。不

過，很多不是以穀物為傳統主要食物的非亞洲開發中國家的稻米消費量卻隨著所得增加及品種改良而逐漸提高。

　　中國占全球稻米消費量的比重向來都大約是30%，二〇一一／一二年度的消費量達1.385億噸（見表4.12）。近幾年人口的成長抵銷了人均稻米消費因飲食多元化而降低的影響。但可支配所得的增加，讓優質外來品種如香米的需求上升。印度是世界第二大稻米消費國，二〇一一／一二年度的消費量估計約9700萬噸。大量國家庫存抵銷了國內產量因季風影響而產生的起伏，而且國家透過公共分配制度（Public Distribution System）的補貼，確保對窮人的供給。而隨著較貧窮區域的所得提高，稻米消費亦隨之上升。

　　稻米是孟加拉鄉村地區的主食，不過，稻米在城市地區的地位漸漸被小麥取代。幸好隨著人口持續增長，稻米需求也穩定增

表4.12　主要稻米消費國[a]

	一九九五／九六年度		二〇一一／一二年度	
	百萬噸碾製米	%	百萬噸碾製米	%
中國	130.0	34.9	138.5	30.3
印度	79.0	21.2	97.0	21.2
印尼	33.0	8.9	39.7	8.7
其他東亞及南亞國家	89.0	23.9	120.5	26.3
非洲	12.0	3.2	24.2	5.3
拉丁美洲	14.0	3.8	18.2	4.0
其他	15.0	4.0	19.6	4.3
合計	372.0		457.7	

a　當地交易年度
資料來源：國際穀物理事會、美國農業部

加，不過整體消費量因國內產量及價格而有極大波動，而且有時候它的稻米進口量還超過100萬噸。一如印度，孟加拉政府也採用公共分配制度，讓窮人可以取得稻米和小麥。

預熟米在西非各地的城市非常普遍，不過當地需求受價格波動的影響相當大，因為進口稻米大約占該地區消費量的三分之二左右。稻米也是中東的重要食物，由於當地需求持續增加，故部分需仰賴進口。沙烏地阿拉伯的稻米消費因移民勞工和朝聖者而大幅增加。

貿易：主要參與者

國際稻米市場有三大組成要素：南亞及東南亞生產國（孟加拉、印尼和菲律賓）的需求起伏甚大；中東的需求持續增加，但較穩定；西非市場的價格敏感度高。主要稻米出口國為泰國、越南、印度、巴基斯坦和美國，不過，稻米的國際貿易量只占全球稻米總年產量的7%。

各地口味及購買力的差異，讓稻米市場顯得支離破碎。較受喜愛的包括印度香米（來自印度半島的香米）、長粒米（美國供應）以及碎米（主要來自泰國和越南，但也有部分來自印度、巴基斯坦和其他小型出口國）。稻米的價格差異甚大，印度香米最貴，碎米（尤其是100%碎裂的米）最便宜。多數稻米是以碾磨後的狀態運送，不過，這種狀態下的米不容易妥善保存，所以必須裝袋後再運送，也因如此，稻米的運費和處理成本比小麥或玉米貴，因為後兩種穀物一般是用散裝的方式運送。

印尼的需求有時足以左右國際稻米市場，二〇一一年時，它

購買了估計約300萬噸的米，這是多年來最大的購買量。其中某些稻米似乎是為了建立國家儲備而採購。菲律賓是全球市場上的另一個重要參與者；該國是二〇一一年世界最大進口國。中國進口的幾乎清一色是優質的香米等級，完全來自泰國，一年的進口量通常大約50萬噸。然而，二〇一二年年初，中國也向越南採購了大量（估計約90萬噸）的稻米，目的似乎是為了平抑國內稻米價格。

中東是持續成長的主要稻米市場，但這個地區因缺水之故，產量相對受限。進口稻米通常來自泰國、印度和巴基斯坦的優質印度香米或預熟米，這個地區的主要市場是伊朗、伊拉克和沙烏地阿拉伯。

泰國是世界最大稻米出口國，二〇一一年的出口量高達1060萬噸（見表4.13）。然而，由於干預機制的恢復（見頁247），加上政府沒有興趣啟動儲備釋出計畫，所以初步數據顯示，泰國二〇一二年的出口量已降到大約650萬噸。不過，未來泰國還是很

表4.13　主要出口國及進口國，二〇一一年

	出口			進口	
	百萬噸	總數的%		百萬噸	總數的%
泰國	10.6	29.5	東亞	11.1	30.9
越南	7.1	19.8	非洲	11.1	30.9
印度	4.8	13.4	中東	7.2	20.1
巴基斯坦	3.4	9.5	北美及中美洲	3.4	9.5
美國	3.2	8.9	歐洲	1.6	4.5

資料來源：美國農業部、國際穀物理事會

有可能保有世界最大出口國的地位，因為它能提供各式各樣的品種和品質，而且銷售的地理分布相當廣。不過，越南已成為中低品質市場的強大競爭者。

印度的出口極容易受政治牽動，多年來，該國限制印度香米以外所有種類稻米的外銷，直到二〇一一年九月才解禁。推估二〇一二年的稻米總出口量為960萬噸，年增率達50%。稻米並非巴基斯坦的主食，而且儘管目前該國的稻米消費量緩慢增加，但還是有一半的收成可供外銷。貿易是透過民間部門進行，不過，政府機關會協助安排政府對政府的交易。

美國的稻米出口包括碾製米（三分之二）和糙米（三分之一）。糙米主要是出口到墨西哥和中美洲，而且其出口量持續增加，另外，碾製米的外銷市場則起伏不定，這取決於亞洲供應對手國的競爭力。

產量及庫存

世界稻米產量在二〇〇〇年代初期降低後，又漸漸恢復長期成長趨勢，二〇一一／一二年度的產量達到4.63億噸。多數國家栽種稻米的目的都是供應國內糧食之用，二〇一一／一二年度只有大約3600萬噸被用來作為國際貿易用途。亞洲產量約占全球產量的90%，不過，非洲的產出也持續增加。很多亞洲政府將農業列為優先產業，這促使民間及官方增加對稻米耕作的投資，同時鼓勵先進培植技術及改良品種的使用。灌溉系統的改良讓稻米耕種較不受乾旱傷害，不過，某些生產地區的水資源已愈來愈匱乏。

　　降雨——尤其是夏季季風期——對稻米市場攸關重大，因為當地收成的微小變化，就可能導致貿易流程發生巨大震盪。不過，供給的短缺通常是可彌補的，因為某些生產國一年能收成兩穫，甚至三穫。亞洲某些國家的稻米耕種因城市化及其他作物的競爭而有減少的可能，不過，高產量或高抗病品種的使用，卻又讓產量得以成長。

　　中國是世界最大稻米生產國，二〇一一／一二年度的產量為1.4億噸（見表4.14）。各國政府持續對農民提供價格、燃料、肥料和機械方面的補貼。印度夏季播種的主要（秋季）作物約占國內產量的85%；較小規模的早春作物則是在冬季的月份播種。印度擁有兩種稻米經濟模式，一種是比較先進的商業耕作區，主要

表4.14　主要稻米生產國[a]

	一九九七／九八年度		二〇一一／一二年度	
	百萬噸	總數的 %	百萬噸	總數的 %
中國	113.0	29.2	140.4	30.3
印度	86.0	22.2	104.3	22.5
印尼	34.0	8.8	38.0	8.2
越南	21.0	5.4	25.2	5.4
泰國	18.0	4.7	20.0	4.3
其他東亞及南亞國家	76.0	19.6	90.6	19.6
拉丁美洲	16.0	4.1	14.9	3.2
非洲	11.0	2.8	16.2	3.5
其他	12.0	3.1	13.6	2.9
合計	387.0		463.2	

a 主要收成期七月至十二月，並在下一個曆年進行交易
資料來源：美國農業部、國際穀物理事會

位於北部，這種耕作區廣泛使用高產量品種的種子及化學農藥，另外，機械化讓收成作業得以快速且有效率地完成。然而，水資源的日益短缺和土壤鹽分的上升，可能影響到未來的產量。在印度的其他地區，稻米耕種的目的主要是為了餬口，而且收成多寡取決於變化多端的季風。印度二〇一一／一二年度的稻米產量為1.04億噸。

在孟加拉，稻米耕作面積約占所有農作物耕作面積的四分之三。該國某些地區每年可收成三穫，不過，產量取決於季風的變化。有些年度，它還需要從印度進口（主要是根據特約條件）大量稻米。印尼和菲律賓正努力實現自給自足的目標，不過，如果收成不理想，它們也可能成為國際稻米市場上的大型參與者。

近幾年來，由於政府支持及新品種的導入，讓泰國的稻米產出持續增加，二〇一一／一二年度的產出達2000萬噸。水的供給狀況不確定及洪水問題有時會傷害到收穫量。二〇一一年，泰國政府恢復干預計畫，這在外界眼中是有爭議的政策。根據這個計畫，農民以某特定價格（稱為干預價或支持價）將收成抵押給政府。這麼一來，泰國政府賣出庫存的時間點和它的開價都會顯著影響國際稻米價格。

越南從一九九〇年代起就因政府獎勵改善耕作方法，而成為稻米市場的主要參與者。有一半的農地全部用來耕作稻米，不過，邊緣稻田已經被用來轉作飼料穀物和從事水產養殖。越南二〇一一／一二年度的產量達到2500萬噸。

美國是優質稻米生產國，也是主要的出口國，年收穫量約600萬噸。多數稻米是在有能力負擔必要高額投資（尤其是灌溉方面的投資）的大農場裡耕種。若非政府支持，美國的稻米耕種

並不具經濟效益。幾乎75%的收成是長粒米品種，這類稻米在外銷市場很受歡迎。

全球庫存在二〇〇四／〇五年度時降到了低於7500萬噸的低點，不過，從那時開始，庫存量又穩步回升，到二〇一一／一二年度時，又回到接近1億噸水準。然而，這只是一個粗估數字，因為中國的庫存量還是難以釐清。只是，對稻米市場及國際價格來說，比較重要的問題應該是：主要出口國掌握了多少庫存。近幾年，出口國的庫存量持續增加，二〇一一／一二年度達到3500萬噸的安全水平，較二〇〇四／〇五年度的約2000萬噸明顯回升，而且只比二〇一一／一二年度的稻米總貿易量稍微少一些。

稻米的市場

芝加哥商品交易所有稻米期貨交易，而且泰國、越南和巴基斯坦等國也有重要的稻米交易所。然而稻米的多數國際貿易是透過大型貿易公司進行，包括路易斯達孚公司（Louis Dreyfus，法國）、阿爾契丹尼爾米蘭公司（美國）、奧蘭姆公司（Olam，位於新加坡的印度公司），另外也透過仲介商進行交易。某些大型貿易商也從事稻米加工業務。參與稻米貿易的企業非常多，不過，通常它們個別專精於某個小市場區隔，以滿足這些區隔的需求為目標。稻米的買家通常是國有的採購公司，而且相關的交易可能是政府對政府的交易，這是原物料商品市場上比較罕見的情況。

圖4.9　稻米庫存及價格

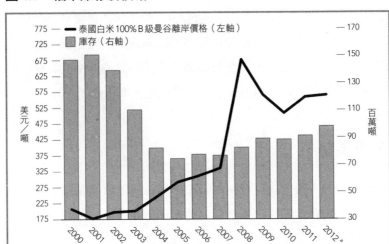

a 經濟學人智庫估計

資料來源：國際穀物理事會

價格趨勢

　　傳統來說，稻米價格（以泰國白米100% B級曼谷離岸價格為基礎）波動不像其他某些更廣泛被交易的原物料商品那麼激烈，不過，二〇〇七年稻米價格突然開始飆漲，並在二〇〇八年五月達到每噸1060美元的高峰。這比二〇〇〇年至〇五年的年度均價220美元／噸大幅上漲。促使稻米價格飆漲的原因是需求大增、生產力降低及主要稻米栽種地區遭天然災害肆虐等，不過，政府（印度、埃及和越南）的種種作為也對稻米價格發揮了推波助瀾的效果：當時這些政府為確保國內供給而限制出口，結果導致某些進口國（主要是菲律賓）加速採購。之後稻米價格便大幅

下跌，不過就歷史水準來看，二〇一一年平均每噸559美元及二〇一二年平均每噸572美元（見圖4.9）的價格依舊屬於高價區。二〇一二年小麥、玉米和黃豆價格都因氣候因素而上漲，但相反的，那一年稻米價格卻因泰國囤積的干預性儲備漸漸成為政府的負擔（隨時可能釋出稻米，不利市場供需）而下跌。

未來展望

- 泰國的干預計畫可能扭曲國際稻米市場的供需基本面，因為該國政府有可能在價格低迷時增加庫存，但又可能在市場上拋售這些庫存——這是壓抑價格的潛在因子。

- 在亞洲多數國家，稻米向來是政治敏感議題之一，很多國家的稻農和稻米消費者都代表主要的政治勢力。因此，這些國家的政府對價格波動非常敏感，經常積極參與採購（為滿足國內需求）及出口事務。如果它們對供給或價格層面產生疑慮，也會迅速實施貿易限制。

- 中東地區產量有限，但市場卻持續成長，預估這將促使當地進口量增加。憂心供給面的中東國家也開始在很多非州及亞洲國家投資農地。

- 亞洲部分地區的人均稻米消費量將因人民飲食習慣漸漸多元化，肉類和其他便利食品（小麥製）的食用量增加繼續降低，尤其是中國、日本和南韓。

天然橡膠

　　原產巴西亞馬遜區域的帕拉（Para）橡膠樹是製造天然橡膠膠乳的主要來源。這種樹能成為商業化種植理想選擇的主要特性是：它被割破愈多次，泌出的膠乳愈多。橡膠樹能活約100年，但只能生產約三十五年的膠乳，其後膠乳產量便會降低。種植後約七年，橡膠樹就能產出膠乳。天然橡膠和咖啡一樣，多半是小自耕農型作物，而小自耕農的產量約占全球產量的70%至80%。

加工、用途及合成橡膠的競爭

　　收成膠乳以前，必須先將樹幹切開，讓白色的黏稠樹汁流出，接著再將樹汁收集起來，送往加工地。在橡膠的最初加工階段，必須先將膠乳和它生成的硬塊加以過濾。天然橡膠被定義為一種天然的聚合物──即彈性體──主要的成分是聚異戊二烯（polyisoprene）。

　　利用這個程序取得的橡膠，便可用來製造各式各樣的商品。天然橡膠最吃香的特性是：它的延伸性非常好（且延伸後能恢復原本的形狀），而且防水。到目前為止，輪胎產業是天然橡膠的最大消費者，估計約占總消費量的70%。除了輪胎以外，一輛現

代汽車裡，有超過300種零件是由橡膠製成。另外，橡膠也被用來製作輸送帶、鞋子、醫療儀器、水管和地板覆材等，不勝枚舉。此外，目前天然橡膠也被用在穩定土壤（soil stabilisation）等用途。

　　天然橡膠消費約占橡膠總消費量的40%，剩餘的部分是由各式各樣的石化合成橡膠組成。這兩者的競爭主要取決於價格，不過它們的特性也略有差異：合成橡膠能改善天然橡膠在商品製造方面的某些特質，不過，在某些領域——如耐重輪胎——合成橡膠並無法成功取代天然橡膠。貨車輪胎包含25公斤的彈性體，其中有極高比重是天然橡膠（通常約80%）。轎車輪胎使用的天然橡膠比重稍微低一些。根據美國固特異輪胎公司（Goodyear）估計，一般汽車輪胎需使用3.5公斤的橡膠，而其中大約有三分之一是天然橡膠。

消費與貿易
區域趨勢

　　全球橡膠的總需求量早就超出天然橡膠的供給量。到一九八六年時，天然橡膠占整體彈性體市場的比重就已經降到不到三分之一。但從那時開始，由於油價和合成橡膠原料價格高漲，天然橡膠的市占率又開始上升。印度消費量占天然橡膠消費量的比重向來最高，而東歐和獨立國協向來最低，因為這些前蘇聯國家向來較傾向於使用合成橡膠。

　　天然橡膠的區域消費量大致上是隨著整體工業生產基地的轉移而變化。中國和其他亞洲國家如印度對橡膠及其他工業原料的

需求持續上升。相反的，OECD國家的需求則一路降低，尤其是歐盟和北美，因為這些地區的輪胎產業面臨了進口品的競爭。

　　二〇〇七年之前的五年間，天然橡膠的消費量強勁成長，年度平均成長率達6%以上。然而，自二〇〇八年經濟開始走下坡以來，消費成長表現就好壞參半。二〇〇九年的消費萎縮了8.3%，但二〇一〇年又大幅回升。二〇一一年時，這個產業又因困擾著整體汽車生產部門的供應鏈問題、歐洲經濟動盪及印度汽車需求轉趨疲弱等問題而受創。根據國際橡膠研究組織（International Rubber Study Group，簡稱IRSG）的統計，二〇一一年日本的天然災害（三月發生地震和海嘯）和泰國的大洪水，導致全球汽車供應鏈嚴重中斷，並間接使那一年的天然橡膠消費減少1.2%。然而，這個產業可謂禍不單行，二〇一二年的情況也好不了多少：天然橡膠消費因購車獎勵的到期、信用情勢的趨向緊縮而再次受創；另外，天然及合成橡膠價差的擴大，導致後者的取代效果增強，更讓天然橡膠的消費量進一步受壓抑。

　　中國是世界上最大的天然橡膠消費國，二〇一一年的消費市場占比約33%（見表4.15）。儘管日本已將該國多數製造業遷移到較低成本的生產基地如中國，但它目前還是重要的消費國，約占二〇一一年全球總消費量的7%。二〇一一年時，亞洲消費量約占全球的70%，這反映出亞洲優越製造（不只是汽車製造）中心的地位。

　　根據《歐洲橡膠雜誌》（European Rubber Journal）的二〇一〇年年度《全球輪胎報告》（Global Tyre Report），世界各地中有160個輪胎製造商，但其中13家就約占了71%的市場。前三大——米其林（Michelin，法國）、普利司通（Bridgestone，美國）

表4.15　主要天然橡膠消費國

	一九九七年		二〇一一年	
	千噸	總數的%	千噸	總數的%
中國	713	11.4	3,603	33.0
印度	572	9.1	957	8.8
日本	910	14.5	753	6.9
其他亞洲國家[a]	1,326	21.2	2,310	21.2
歐盟	915	14.6	1,206	11.0
其他歐洲國家及獨立國協國家	163	2.6	250	2.3
北美洲[b]	1,175	18.7	1,165	10.7
拉丁美洲	385	6.1	582	5.3
非洲	110	1.8	89	0.8
合計	6,269		10,915	

a 包含澳洲；b 加拿大及美國
資料來源：國際橡膠研究組織

和固特異（美國）占有超過40%的市場。其次是四家中型企業，
包括馬牌（Continental，德國）、倍耐利（Pirelli，義大利）、住
友及橫濱（Yokohama，兩者都是日本企業）。

　　非輪胎（一般橡膠製品）製造活動的分布就非常支離破碎，
多半是一些中小型企業。不過，多數輪胎製造商也都會製造非輪
胎汽車零件，像是輸送帶、密封條和模具等。

貿易

　　天然橡膠貿易向來受泰國、印尼和馬來西亞等國支配，這些
國家二〇一一年的出口占全球出口量的81%（見表4.16）。然而，

表4.16 主要出口國及進口國，二〇一一年

	出口毛額			進口毛額	
	千噸	占比%		千噸	占比%
泰國	2,929.8	35.1	中國	2,665.4	30.7
印尼	2,565.8	30.7	歐盟	1,663.7	19.1
馬來西亞	1,239.5	14.8	美國	1,048.6	12.1
越南	816.6	9.8	日本	785.3	9.0
象牙海岸	226.3	2.7	馬來西亞	667.4	7.7

資料來源：國際橡膠研究組織

近幾年越南的產出及出口量也快速增加，部分是由於它最接近世界最大的天然橡膠市場——中國。越南的出口占二〇一一年全球出口量的近10%，而且二〇一二年的出口年增率高達30%。二〇一二年越南出口大幅成長主要是反映它在此五至十年前致力於橡膠產業發展的種種努力，因為橡膠樹的商業化需要較長的前置期。

到目前為止，中國是世界最大的市場，而泰國尤其受惠於中國消費的成長。儘管印尼也相對接近中國，但印尼橡膠向來多半是出口到美國，而因美國經濟成長趨緩，所以印尼近幾年的橡膠出口成長率明顯降低。有點出乎意料的是，馬來西亞竟然也是橡膠進口大國，因為它有很多使用橡膠的產業。日本因擁有龐大的汽車製造部門，所以向來是天然橡膠的重要進口國，不過它二〇〇九年的進口量大幅減少約30%，二〇一一年的進口量還比二〇〇七年（二〇〇八年至〇九年全球經濟衰退）低8%。

產量

儘管橡膠樹原產於拉丁美洲，但長久以來，世界上多數橡膠產量卻來自亞洲。在殖民地時期，英國人把橡膠樹種子從巴西經由英國帶到新加坡、印度、斯里蘭卡和英屬馬來亞，比利時的殖民者也把種子帶到目前的剛果民主共和國。如今，亞洲產量約占全球總產量的90%。三大生產國——泰國、印尼、馬來西亞——的產量則共占二〇一一年全球產量的67%（見圖4.10）。

和所有農作物一樣，氣候——尤其是降雨——是影響天然橡

圖4.10　天然橡膠產量，二〇一一年

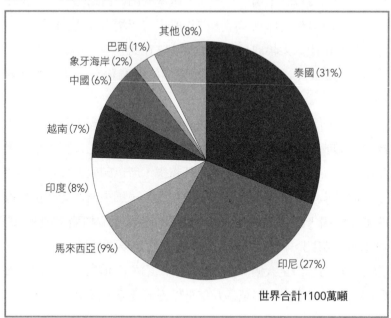

資料來源：國際橡膠研究組織

膠產量的重要因素之一。降雨不足會導致膠乳流動速度減慢，但降雨過多卻又會導致採集作業受阻。近幾年來，天然橡膠產量因勞工短缺（膠乳採集是一種需要技術的工作，但其收入卻通常比產業就業機會低，而且，橡膠栽種需要使用的勞工比棕櫚樹栽種更多。其中，馬來西亞缺工情況最為明顯）及獲利能力相對低於其他作物（尤其是棕櫚油）而顯著降低。

　　近幾年來，天然橡膠產量的成長主要來自印尼的貢獻。根據IRSG的統計，二〇〇三年至一一年間，該國年度平均產量增加7.5%，而且光是二〇一一年就成長了9%，不過，二〇一二年的收成因氣候不佳而受到負面影響。此外，因價格下跌，農民也減少膠乳採集作業。目前泰國仍是世界上最大的天然橡膠生產國，產量集中在該國最南端接近馬來西亞邊境的地區。泰國的產量一直穩定增加，二〇〇三年至一一年間，年產量平均增加2.3%，二〇一一年的產出量達到340萬噸。

　　越南的產量依舊強勁成長，這一部分得歸功於政府的支持和投資。越南的天然橡膠主要銷往中國。二〇一二年的產出大幅增加，據報導，當年前九個月的產出年增率高達34%。然而，還是有一些問題可能影響橡膠產量的成長潛力，尤其是二〇一一年年底時，越南財政部為鼓勵本地橡膠加工而對天然橡膠課徵3%的出口稅。

　　天然橡膠的附加價值空間遠比其他很多原物料商品高，然而，在主要橡膠生產國當中，只有中國和印度將一半以上的本國產量用在輪胎及其他橡膠製品的製造上。

橡膠的市場

　　吉隆坡、新加坡、倫敦、紐約、東京和廣州都有天然橡膠的現貨市場。生產者與輪胎製造商的合約交易占天然橡膠貿易的大宗，根據橡膠生產商的說法，因為這些合約的簽訂，國際市場現貨價因此變得不那麼有效力。近年來，合約交易當然是持續增加，不過，其中有多少合約交易是繞過公開市場進行，則不得而知（推測有時高達50%左右）；另外，橡膠現貨價似乎也不足以反映市場的基本供需情勢，這和其他原物料商品的現貨價完全不同。日本、中國和新加坡都有天然橡膠的期貨市場。

　　即使是天然橡膠生產國本身也不太有能力控制產量（或價格），因為產量多半是受氣候影響，尤其是降雨，而且樹木從種植到具有生產能力的前置期很長，所以供給面無法彈性反映價格波動或需求狀況。然而，主要生產國如泰國、印尼和馬來西亞，向來都投入非常多心力在供給的管理上，二〇一二年年底，這些國家更宣布一項六個月出口上限（二〇一二年十月一日生效），目的是要維持最低價格。然而，價格並未因這項干預政策而大幅上漲，原因可能在於近來需求疲弱。此外，可再生原物料商品（放棄生產就等於流失產量）的卡特爾成員向來就以不遵守規定而惡名昭彰。無論如何，上述三個國家的全球產量占比超過OPEC的石油產量占比，前者占有超過70%的市場，而後者僅40%。

價格趨勢

　　近幾年來，橡膠價格起伏非常大。二〇〇三年至〇八年間，

橡膠價格年度平均漲幅達25%，除了因全球經濟欣欣向榮之外，更因開發中國家的需求強勁成長，因為這些國家對採礦及建築業所需的耐重輪胎需求增加。儘管二〇〇九年一年內，價格（吉隆坡價格）就下跌26%以上，但二〇一〇年又強勁反彈（見圖4.11），部分原因是新興國家歷經二〇〇八年至〇九年的全球經濟衰退後，迅速回復成長軌跡。橡膠價格在二〇一一年第一季達到高峰後便再度下跌，主要是反映需求疲弱及外界憂心中國和印度的成長展望將惡化。二〇一二年一整年，價格一直都維持下跌趨勢，直到那年第四季才終於回穩，並溫和上漲。

圖4.11　天然橡膠庫存及價格

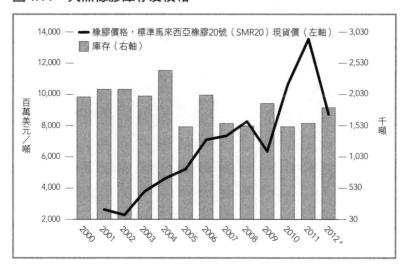

a 經濟學人智庫估計

資料來源：國際橡膠研究組織

未來展望

- 原油乃至合成橡膠的價格將影響天然橡膠的價格及需求。
- 供給不能迅速回應價格的降低,因為橡膠樹從種植到具生產力,需要很長的時間。因此,價格長期下跌將導致未來的投資及栽種活動降溫,並進而在更遠的未來衍生供給短缺的問題。
- 從馬來西亞的例子便清楚可見,隨著工資上漲及城市地區的工作機會增加,需要使用大量勞工的橡膠樹膠乳採集工作將愈來愈不受農業勞工青睞,這可能促使橡膠生產逐漸移往成本更低的國家。

黃豆

黃豆是一種豆科植物（其他豆科植物還包括豌豆、菜豆、小扁豆、紫花苜蓿等），原產於東亞，幾個世紀前才被導入世界上的其他地區。自古以來，黃豆一直都種植在氣候溫和的地區，而且通常是夏天較炎熱的地區，不過，目前熱帶和亞熱帶地區都有栽植黃豆，尤其是印度。黃豆的經濟價值很高，除了豆子可供出售，黃豆植株也能改善土壤肥沃度，因為它能將大氣中的氮吸收到土壤裡。一九九六年起，人類開始種植基因改良黃豆，且其栽種範圍快速擴增。

這種植物的豆子可食用，而且它的營養價值非常受重視：它是少數能提供完整蛋白質的植物（包含八種生命必須的氨基酸）之一。典型的黃豆包含蛋白質（大約40%）、油脂（大約20%）和醣類（大約30%）。黃豆因其油脂含量而被稱為油籽的一種；黃豆油的價格除了反映本身的市場動態以外，也會隨著其他農作物（如葵花籽、油菜籽和油棕）油脂的價格波動。

加工及用途

一旦作物收成，黃豆就會被外銷、運送到本地的加工廠或直

接供人類食用。全球有90%至95%的黃豆會被進一步加工（有時在生產國加工，有時在進口國），剩下的則直接供應人類消費，直接食用黃豆的主要是亞洲人，不過，美國和歐洲也有人食用，但比例較低。黃豆加工後會產生兩種產品：黃豆油和黃豆粕。聯合國農糧組織（Food and Agriculture Organisation，簡稱FAO）估計，每生產一噸黃豆油，就會產生4.5噸的黃豆粕。

黃豆主要有三種加工法：

- 溶劑萃取法：用己烷（一種碳氫化合物）來溶解或萃取黃豆的油脂，這是最常見的方法。
- 連續壓榨法：利用高溫及機械螺旋壓榨方式，將油榨出。
- 水壓法：用機械或水壓將油脂榨出。這是傳統方法。

黃豆粕幾乎全部用於動物飼料，只有極低的比例（通常大約2%）會用來製造豆粉和蛋白質。多數黃豆油（超過90%）皆可食用，剩下的用於生質柴油產業及肥皂、塑膠及蠟筆等產品的製造。黃豆油是最重要的植物油，約占全球植物油消費的20%，不過，它的市占率因棕櫚油（通常較便宜）的競爭而降低。黃豆粕動物飼料的需求是黃豆油生產乃至消費的重要考量因素。

消費與貿易
區域趨勢

近幾年，黃豆消費大幅增加，二〇一一／一二年度達到2.58億噸（見表4.17），比一九九五／九六年度的1.32億噸大幅成長。開發中國家的消費成長力道尤其強勁，因為這些國家所得的

表4.17　　主要黃豆消費國 [a]

	一九九五／九六年度		二〇一一／一二年度 [b]	
	百萬噸	總數的 %	百萬噸	總數的 %
中國	14.1	10.7	70.5	27.1
美國	40.3	30.6	47.7	18.4
阿根廷	10.8	8.2	39.0	15.1
巴西	23.2	17.7	38.7	15.0
歐盟	15.5	11.8	12.7	4.9
印度	4.5	3.4	11.5	4.5
其他亞洲國家	13.4	10.2	15.2	5.9
其他	9.8	7.5	22.5	8.7
合計	**131.6**		**257.8**	

a 九月三十日為年底；b 初估值
資料來源：美國農業部

成長讓肉類消費增加，對動物飼料的需求當然也隨之上升。中國目前是世界上最大的黃豆消費國，二〇一一／一二年度的消費量接近7100萬噸。過去十年間，國內需求在飼料產量強勁成長的帶動下，更添動能。只有極少量的黃豆被直接用來餵食動物，而且也只有極低比例的黃豆消費是用於人類食用用途（約總數的10%至15%）。

　　就某種程度來說，歐盟的黃豆消費取決於歐洲穀物收成，因為如果一般穀物收成量降低或價格上漲，黃豆製的動物飼料用量就會增加。另外，如果本區域的其他油籽——尤其是油菜籽——產出量降低，他們也會進口較多黃豆來製油。近幾年來，美國的消費穩定增加，部分是由於它的肉類出口增加，部分則是由於近幾年以黃豆油作為生質柴油的需求上升。

貿易

二〇一一／一二年度黃豆的全球總貿易量初估為9200萬噸，比二〇〇〇／〇一年度的5300萬噸大幅成長。黃豆貿易受中國支配，根據國際穀物理事會的統計，中國黃豆的貿易量占二〇一一／一二年度世界總貿易量的65%，進口5700萬噸（見表4.18）。中國加入世界貿易組織及進口關稅和配額的逐步取消或降低，讓它近幾年的黃豆進口明顯成長。不過，基改食物目前在中國仍是一個敏感議題，因為中國人以豆腐形式所消費的黃豆數量持續增加。每一批運送到中國的黃豆都需要經過查驗認證，它比較偏好從拉丁美洲進口。

印度政府也希望保護並鼓勵國內蔬菜油產出，所以有時候黃豆會成為限制貿易的對象。印度會視其國內收成情況決定進口還是出口黃豆。

由於歐盟會在本地穀物或油籽收成因氣候因素而受創時進口

表4.18　主要出口國及進口國，二〇一一／一二年度[a]

出口			進口		
	百萬噸	總數的%		百萬噸	總數的%
美國	38.4	41.6	中國	57.1	65.3
巴西	36.3	39.4	其他亞洲國家	11.8	13.5
阿根廷	7.3	7.9	歐洲	11.5	13.1
巴拉圭	3.3	3.6	北美及中美洲	4.8	5.5
其他	6.9	7.5	中東	2.3	2.6

a 初估值
資料來源：國際穀物理事會

黃豆，所以它偶爾也會成為重要的黃豆進口市場，不過它平日就有進口黃豆，歐盟一般狀況下的進口量約占黃豆貿易的10%，只是，二〇〇二／〇三年度以後，中國就取代歐盟，成為世界最大進口國。歐盟國家進口黃豆的主要原因之一是黃豆富含蛋白質成分。不過，緩慢的基改產品核准流程讓黃豆及黃豆粕進口受到限制。農業遊說團體正力促加速核准流程，但無論如何，歐盟對無基改黃豆產品的需求，明顯對拉丁美洲供應國有利。

近幾年，巴西黃豆貿易的全球占比穩定上升，到二〇一一／一二年度，它已成為世界第二大出口國，出口量達3630萬噸。美國是同一年度的最大出口國，不過，近幾年美國國內消費的增加導致出口量受限，因此一般預期巴西的出口量將在未來幾年內超越美國。

儘管阿根廷只是世界第三大生產國，但它有非常成熟的榨油產業，因此是世界最大黃豆粕和黃豆油出口國。這主要是阿根廷政府鼓勵在國內加工——黃豆粕和黃豆油的出口稅比黃豆低。

黃豆貿易受少數幾家大型跨國原物料商品貿易公司支配，包括阿爾契丹尼爾米蘭、邦吉（Bunge）、嘉吉和路易達孚集團。

產量

黃豆的栽種高度集中在四個國家——包括美國、巴西、阿根廷和中國，這四國占了世界多數產出（二〇一一年的占比為86%）。美國原本向來是世界上最大的黃豆生產及出口國，不過近年來拉丁美洲的產量明顯增加，尤其是巴西和阿根廷。一九九五／九六年度，美國產量占全球產量的47.5%，阿根廷和巴西合計

占37%；然而，到二〇一〇／一一年度，前述情勢改變，美國的占比降到33%，而這兩個拉丁美洲國家的總產量占比則增加到46.5%。儘管美國目前仍是世界最大生產國，但進一步擴產的規模將遜於巴西。事實上，由於乾旱的影響，二〇一二／一三年度美國黃豆產量可能低於巴西。

黃豆是美國第二大農場作物，僅次於玉米。位於中西部的愛荷華州、明尼蘇達州、印第安那州和內布拉斯加州是主要的栽種區。黃豆通常和玉米輪流種植。這兩種作物的關係非常密切，農民通常會根據這兩種作物的相對價格，決定要擴大栽種其中一種。目前幾乎所有美國作物都經過基因改良，最初，改良的目的是為了除草和防止病蟲害，但現在改良的目的是為了提高黃豆的營養質量。

巴西因國內基礎建設改善，預計其中部及西部的農耕面積將顯著擴大。以前，黃豆種植僅限於靠近港口的南部地區。巴西二〇一〇／一一年度的產量達到7530萬噸的歷史新高，比一九九五／九六年的2420萬噸大幅成長。然而，二〇一一／一二年度的產量因二〇一一年的惡劣氣候而降至6600萬噸（見表4.19）。

目前阿根廷的黃豆農依舊分布在港口附近的地區。近年來它的產量也大幅增加，從一九九五／九六年度的1250萬噸大幅增加到二〇〇九／一〇年度的5270萬噸，不過，二〇一〇／一一年度的產量因氣候相關問題而降到4030萬噸。然而，阿根廷的國內消費量很低，所以它是非常重要的出口國。

近幾年來，很多國家開始擴大黃豆的種植範圍，不過，它們的產出和美洲國家比起來仍是小巫見大巫。近年來，烏克蘭的產出顯著增加，並因此漸漸成為國際市場上的重要供給者。因為黃

表4.19　主要黃豆生產國[a]

	一九九五／九六年度		二〇一一／一二年度[b]	
	百萬噸	總數的%	百萬噸	總數的%
美國	59.2	47.5	83.2	35.1
巴西	24.2	19.4	66.0	27.8
阿根廷	12.5	10.0	40.3	17.0
中國	13.5	10.8	13.5	5.7
印度巴拉圭	4.5	3.6	12.1	5.1
其他	2.4	1.9	4.5	1.9
合計	8.5	6.8	17.4	7.3
Total	124.7		237.0	

a 九月三十日為年底；b 初估值
資料來源：美國農業部、各國國家統計資料

豆是春季播種的作物，所以比起得在冬天播種的油菜籽，該國的
農民偏好種植黃豆，因為冬季播種的作物很容易被凍死。

　　中國和印度一直都為了滿足國內持續增加的需求而試著提高
黃豆產出。中國的黃豆主要是種植在東北地區，不過當地的土地
和水源取得受限。印度的收成率通常很低，但近年來它的產量也
強勁成長。然而，當地的黃豆作物全部是在夏天播種，所以非常
依賴季風所帶來的降雨。

黃豆的市場

　　芝加哥期貨市場是觀察黃豆價格變化的主要指標，黃豆也在
南非、中國、日本、印度和阿根廷等國的交易所交易。

　　貿易商和買家在琢磨黃豆價格是否合理時，通常會連同其他

油籽或食用油的價格一併列入考慮，尤其是葵花籽和油菜籽，因為這兩者是黃豆的有效替代品。葵花籽油通常比黃豆油貴，但這兩者的相對地位還是可能因各自可取得量的多寡而發生變化。油菜籽和黃豆價格的關係就比較多變，取決於各別的可取得量；另外，棕櫚油的交易價格通常比黃豆油低很多。

價格趨勢

　　二〇〇一年至〇六年間，黃豆價格大致上介於每噸200美元至300美元，但因二〇〇七／〇八年度（十月至隔年九月）的收成不佳，加上原物料商品投資風潮陷入狂熱階段，導致價格在二〇〇七／〇八年度大幅上漲。接下來，黃豆價格和多數原物料商品價格相同，在二〇〇八年第四季大幅下跌，二〇〇九年雖略見反彈，但一整年大致上都維持疲弱狀態。由於二〇〇八／〇九年度的收成又不理想，價格因此再次上漲，但二〇〇九／一〇年度的大豐收又促使庫存水位上升，黃豆價格受到壓抑，直到二〇一一年強勁的需求浮現，價格才又回升（見圖4.12）。二〇一二年年中時，美國的乾旱導致市場擔憂黃豆供給及可供出口的來源可能短缺，短天期的芝加哥黃豆期貨因此異常大漲，現貨價格更飆漲到歷史新高價，比二〇〇八年年中的價格還高。然而到年底時，由於市場預期拉丁美洲生產國二〇一三年年初的供給量將相當充足，黃豆價格因而又開始下跌。

圖4.12　黃豆庫存及價格

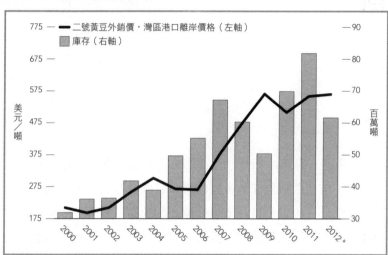

a 經濟學人智庫估計
資料來源：美國農業部

未來展望

■ 二○一二年全球黃豆庫存水位非常低，需要連續幾年的豐收
才足以讓庫存回升到較理想的水平。

■ 中期來說，開發中國家肉品消費的增加，應該能支撐黃豆需
求的成長。不過，人均所得必須持續成長──尤其是中國和
印度，這樣的情況才能維繫下去。

■ 黃豆的蛋白質含量對蔬食主義者和素食主義者來說，是非常
有用的附加營養素。然而，因黃豆油含有反式脂肪，所以近
幾年來，黃豆油已不再那麼受加工食品業者歡迎。

糖

　　甘蔗是一種禾本科植物，生長在熱帶及亞熱帶地區，可以人工收割，也能用機器採收。採收後，甘蔗會被送到加工廠壓榨並萃取甘蔗汁。甜菜生長在溫氣候溫和的地區，是一年生植物，它的塊根含有高濃縮的蔗糖。採收一樣可借助人工或機器。加工廠利用滲透法來萃取糖。糖的主要供給來源是甘蔗，但它的加工程序比甜菜更繁複，所以，通常加工作業是在最終消費國進行。

　　一般來說，大約有70%的產量是產於十月到三月之間，其中，十月至十二月是甜菜採收和加工期，而甘蔗則是在一至三月間收割。南半球的收成──主要是甘蔗──則能補充第二及第三季的供給。

替代物

　　市面上有多種天然及化學增甜劑可取代糖，不過，70%的增甜劑需求目前仍須仰賴糖來滿足。化學增甜劑──如糖精和阿斯巴甜以及愈來愈多的合成化學產品──的甜味通常都比糖更濃烈。高果糖玉米糖漿是比較天然的替代物，在美國非常普遍。另一方面，化學增甜劑的通用程度通常比較低，而且不能在極高溫

度的情況下使用，所以這些增甜劑無法取代糖在烘焙產品方面的用途。另外，這些增甜劑也會影響口味。儘管如此，化學增甜劑的卡路里值低且甜度高，對減重或某些醫療控制計畫有幫助，所以漸受糖尿病患者喜愛。而對食品加工產業者來說，人工增甜劑的成本比糖更低廉。

清涼飲料製造業早已普遍採用糖的替代物，因為這類飲料的口味比較容易掩飾，另外，有些國家的糖價常容易受到人為操縱，所以這些國家也較普遍採用價格競爭力較高的替代物，即化學增甜劑。技術的進步讓某些替代物的特性進一步延伸，所以它們在增甜劑用途的占比漸漸提高，尤其是在清涼飲料用途。

化學增甜劑的使用早已爭議多年，因為有些人擔心長期食用這類產品將有害健康，因此過去十年間，有愈來愈多天然增甜劑問世，挑戰糖的地位。最值得一提的是甜菊（Stevia），它原產於美洲，目前已有愈來愈多人種植。甜菊在日本受到廣泛的使用，美國對它的消費量也持續增加，而且二〇一一年年底時，它也獲得歐盟監理主管機關的許可，成為合法的增甜劑。

消費與貿易
區域趨勢

糖的消費可分為家庭消費和間接用於清涼飲料、糖果糕點和製成食品等用途的消費。間接用途約占歐洲及美國用量的三分之二，在某些東亞國家，間接用途甚至占總用量的80%。開發中國家的消費情況非常分歧，不過基本上都只有間接用途成長，因為這些國家的食品及清涼飲料消費明顯增加。

　　各地的糖人均消費量差異甚大,最貧窮的亞洲及非洲國家的人均消費不到5公斤,但歐洲卻超過30公斤,而部分拉丁美洲國家的人均消費甚至高達60公斤左右。近幾年來,世界人均消費量大致緩步上升,不過二〇一一年略微降低至23.7公斤,比二〇一〇年的24公斤少。另外,糖的需求並沒有明顯的季節性差異。

　　二〇〇一/〇二年度(九月至隔年八月)至二〇〇七/〇八年度間,世界糖消費量平均每年強勁成長2.7%,但接下來四個年度的消費成長率因供給緊縮、全球經濟成長轉趨疲弱,以及普遍高糖價(這部分的影響最顯著)而放緩至1.6%。二〇一二年時,糖價顯著走低,供給展望也改善,這意味消費成長率將上升至2.3%。

　　多數國家的本地供給漸漸都已能滿足新增的消費需求,不過,某些國家如中國、印尼和部分北非國家卻愈來愈依賴進口。印度是世界上最大的糖消費國,二〇一一/一二年度的消費量高達2400萬噸(見表4.20),不過,近幾年印度的消費成長率遠低於中國,只是,印度不同年度的糖消費量差異甚大,主要取決於國內收成情況與價格。

　　中國的人均年度糖消費量約11公斤,遠低於工業化國家,不過,從二〇〇一/〇二年度至二〇〇七/〇八年度間,平均消費年增率超過7%,成長速度飛快。這主要是反映出城市人口快速增加,且清涼飲料及含糖加工食品的取得變得更加容易。雖然中國是糖精的大型生產國之一,但政府明令禁止過度依賴這種人造增甜劑,主要是有些未經證實的報告暗示糖精可能有害健康。中國也持續增加高果糖玉米糖漿的使用,不過,由於玉米不容易取得,且價格較高,所以這種增甜劑的用量將會受限。

表4.20　主要糖消費國

	一九九五／九六年度		二〇一一／一二年度	
	百萬噸	總數的%	百萬噸	總數的%
印度	14.3	12.1	24.0	14.2
中國	8.2	6.9	15.0	8.9
其他亞洲國家	21.8	18.4	26.4	15.6
巴西	–	–	13.5	8.0
其他拉丁美洲國家ᵇ	13.9	11.7	10.6	6.3
歐盟	14.2	12.0	19.3	11.4
非洲	10.1	8.5	17.3	10.2
美國	8.6	7.3	10.4	6.2
俄羅斯	10.2	8.6	6.0	3.6
其他	17.0	14.4	26.3	15.6
合計	118.3		168.8	

a　九月三十日為年底；b　一九九五／九六年度包括巴西
資料來源：國際糖組織（International Sugar Organisation）、美國農業部

　　近幾年來，儘管糖價維持高檔，但中東的需求卻穩定成長，很多漠南非洲國家（除了南非及其產糖鄰國）對糖的需求也長期超過供給。

貿易：主要參與者

　　典型來說，四大參與者：巴西、泰國、澳洲和瓜地馬拉的出口約占世界出口量的三分之二，剩下的來自一些中小型供應國，這些中小型供應國能發揮降低供給波動性的功能。印度和歐盟在收成良好的年度也是重要的供給者。

　　世界上大約有三分之一（二〇一一年為32%）的產量是用來出口，一九九〇年代末期，因貿易自由化的緣故，運輸量快速成長，不過，近幾年因需求成長集中在生產過剩的國家，所以運輸量成長漸漸趨緩。出口主要包含粗糖（未經精煉的蔗糖）和白糖（主要是從甜菜提煉，但也有一些是粗糖精煉而來）。粗糖的出口向來是受巴西、澳洲、泰國、瓜地馬拉、南非和古巴等國家支配，白糖則是受巴西、歐盟和泰國支配，另外，在收成良好年度，印度的影響力量也不容小覷。然而，近幾年來，很多國家已發展出精煉技術，例如阿拉伯聯合大公國，它二〇一一／一二年度粗糖進口及精煉糖出口量共計190萬噸（見表4.21）。

　　俄羅斯、美國、日本、東南亞、中東、西歐和中國向來是最大的糖淨進口地區／國。然而，俄羅斯在提高國內甜菜供給方面已有某種程度的進展，故它目前的市場參與度已不是那麼高，部分由於它盡可能使用本國的庫存，尤其是在糖價高漲時期。中國也努力提高國內產量，所以二〇〇四年以來，進口減少了幾乎

表4.21　主要出口國及進口國二〇一一／一二年度[a]

出口				進口	
	百萬噸 粗估值	比重%		百萬噸 粗估值	比重%
巴西	22.2	41.8	中國	4.3	8.2
泰國	7.3	13.6	歐盟	3.7	7.0
印度	3.2	6.0	美國	3.3	6.2
澳洲	3.0	5.6	印尼	3.0	5.7
瓜地馬拉	1.9	3.6	阿拉伯聯合大公國	2.0	3.7

a 九月三十日為年底
資料來源：國際糖組織

50%。印尼也在降低進口量方面有所進展，不過到目前為止，它仍未能達到自給自足的目標。另一方面，巴基斯坦卻在短短幾年內，從淨進口國轉變為一個小型出口國。從各進口國努力設法降低進口仰賴度的情況便可推斷，除了上述淨進口國收成嚴重短缺的年度，世界糖貿易量占糖總產量的比重將逐年降低。

產量及庫存

世界上大約有四分之三的糖是來自甘蔗，主要是種植在拉丁美洲、東南亞、漠南非洲國家及澳洲等熱帶地區。甘蔗作物種植後，必須經過十二至十八個月才能收割，但最久七年後才需要重新種植。如果氣候良好，某些國家一年甚至可收成一次以上。其他供給來自甜菜，它是在春季播種，十月以後收成，主要種植在歐洲、獨立國協國家和北美洲的溫帶地區。少數幾個橫跨亞熱帶及溫帶的國家如美國和中國同時有種植甜菜和甘蔗。近幾年來，甘蔗占糖供給的比重大幅上升，這主要是因為印度和巴西的甘蔗產出大幅增加，而歐盟的甜菜產量降低。不過，由於巴西酒精產業也競相採用甘蔗做為原料，故這幾年蔗糖的成長率遂漸漸降低。此外，俄羅斯努力設法降低進口，擴大國內種植面積，也讓全球甜菜的收成量得以維持穩定。

糖的全球產量在二〇〇八／〇九年度減少近10%後（幾乎都是因為印度收成欠佳），後續幾年的平均年度成長率高達5%左右。儘管巴西二〇一一／一二年度的產量降低，但全球產量估計還是增加了4.9%，主要是因為印度、俄羅斯、歐洲、泰國、烏克蘭和幾個小生產國的收成好轉。

　　巴西目前依舊是最大的糖生產國，約占二〇一一／一二年度總產量的20%（見表4.22），也是最大出口國。經過多年幾乎完全不間斷的擴張，巴西二〇一一／一二年度產量的降低可說是出乎意料之外，不過，那似乎多半是由於多年來投資不足——尤其是壓榨產業、勞動及能源成本上升，以及重新種植的時程延緩等因素所致（同一株甘蔗採割多年後，萃取率就會大幅降低）。

　　印度是世界第二大糖生產國，不過年產量卻總是因季風的變化而起伏不定，差異甚大。在某些年度，印度是全球市場上的重要供給者，但有時它又會為了平抑國內價格而限制出口。舉個例子，印度二〇〇九／一〇年度淨進口114萬噸的糖，但二〇一一／一二年度卻淨出口167萬噸。

表4.22　主要糖生產國[a]

	一九九五／九六年度		二〇一一／一二年度	
	百萬噸	總數的%	百萬噸	總數的%
巴西	14.0	12.7	35.2	20.2
其他拉丁美洲國家	17.0	15.4	13.2	7.6
印度	17.9	16.2	28.3	16.2
歐盟	6.8	6.2	18.9	10.8
中國	6.7	6.1	12.6	7.2
泰國	6.6	5.9	10.6	6.1
美國	6.3	5.7	7.6	4.4
俄羅斯	4.5	4.1	5.5	3.2
澳洲	5.1	4.6	4.0	2.3
其他	39.4	35.7	38.5	22.1
合計	110.3		174.4	

a　九月三十日為年式
資料來源：國際糖組織、美國農業部

　　歐盟為配合WTO規定而設計的改革計畫——降低受補貼的產出及出口——已促使產業明顯重組，整個產業變得更精實、有效率。然而，目前這個區域已成為糖的淨進口地區。

　　歐盟因氣候穩定、收成率高、收成速度快且擁有高效率的現代化加工鏈等條件，所以很有擴大甜菜產出的條件，而且如果酒精產量增加，需求面也不成問題。然而，反對以食物類作物製造生質燃料的聲浪日益升高，可能會導致以這個誘因為導向的甜菜產量受到壓抑，儘管這可能使該地區的糖產量間接增加。

　　近幾年來，泰國的甘蔗產量和壓榨業務大幅增加，所以泰國的糖產量占二〇一一／一二年度全球產量約6%，比二〇〇二／〇三年度的2.7%明顯成長。泰國產量明顯成長的主要原因是收成機制改善及壓榨產能增加，也因如此，泰國目前已成為世界第二大出口國。中國的糖產量通常比泰國更多，而且近幾年，中國也一直提高產出，只是目前的產出量依舊無法滿足消費需求，所以中國仍是糖的淨進口國。政府將繼續鼓勵擴大國內種植面積，不過適合耕種這類作物的土地終究有限。

　　最大型的專業產糖企業都位於生產國，前五大企業中，有三家是歐洲企業，一家是巴西企業，另一家為泰國企業。某些最大型的貿易公司也參與糖業，例如路易達孚集團（法國）是世界第七大生產企業（見表4.23）。

　　一直以來，政府為獎勵生產而給予補貼的作法讓全球庫存維持高檔，庫存量大致上約當全球三分之一的消費量。其中，由於印度的配銷系統龐大且複雜，所以特別需要高庫存，另外，歐盟和中國也為了管理內部市場而儲存一定的庫存量。由於氣候條件有利、種植效率提高、加工技術改善，以及生產力提升等，二

表4.23　主要產糖企業，二○一○／一一年度[a]

企業	國家	產出，百萬噸
蘇德佐克糖業	德國	4.2
柯珊糖業（Cosan）	巴西	4.1
英國糖業	英國	3.9
泰瑞歐斯國際公司	巴西	3.6
密特佛糖業	泰國	2.7
諾德佐克糖業	德國	2.5
路易達孚公司	法國	1.8
泰國潤朗糖業集團	泰國	1.5
威爾馬國際公司	美國	1.5
土耳其薩克糖業	土耳其	1.3

a 企業會計年度
資料來源：彭博社

○○六／○七年度和二○○七／○八年度的全球庫存量大幅增加。然而，後來因收成不佳以及巴西酒精產業的蔗糖需求大增等因素，導致全球陷入兩年的供給短缺（二○○八／○九年度和二○○九／一○年度），並讓庫存轉趨吃緊。幸好後來的收成好轉，庫存水準才漸漸回升。

糖的市場

　　自由貿易、民營化及解除管制等種種努力（主要是在一九九○年代進行）讓糖市場的透明度改善，然而某些國家的政府政策依舊扭曲了國內價格或最終使用者的支付價格。

　　世界各地很多農業交易所都有粗糖交易，但最常被引用或被

作為標竿價格的，當屬ICE現貨及期貨價。國際糖組織的ISA每日報價也是一個公認的標竿，白糖價格則通常以紐約泛歐交易所—倫敦金融期貨交易所（NYSE Liffe）價格為標竿。

價格趨勢

一九九〇年代的多數時間，世界糖價長期維持下降趨勢，並在二〇〇〇年代初期跌到歷史低點。然而，二〇〇七／〇八年度起的市場短缺導致庫存量大減、價格上漲，從二〇〇八年至一一年間，糖的年度平均漲幅高達27%，到二〇一二年才開始下跌（見圖4.13）。當然，糖價強勢的另一個重要原因是投資人介入糖

圖4.13　糖庫存及價格

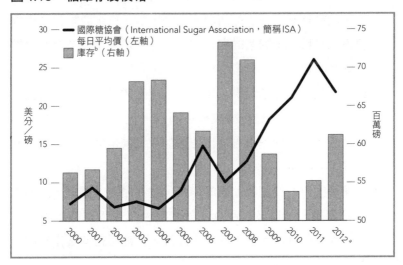

a 經濟學人智庫估計；b 經濟學人智庫估計值是以ISO數據為基礎
資料來源：國際糖組織

的意願提高，不過，糖價的上漲還有其他驅動因素，包括這個產業多年來投資不足（因價格不高）、生質燃料產業對蔗糖的需求增加、保護主義貿易政策及強勁的經濟成長等。

未來展望

- 世界糖價長期維持較高水準，讓很多有潛力擴大產出的地區有了增產的誘因，這些地區包括獨立國協國家、非洲南部國家、東南亞、中美洲和加勒比海國家。

- 美國已廢除蔗糖製酒精的進口關稅，這可能促使巴西酒精的需求明顯增加。在此同時，美國政府也降低國內玉米製酒精生產的補貼，加上玉米價格偏高，種種跡象顯示從巴西進口的酒精將變得特別有吸引力。而這可能會使得可用來製造糖的甘蔗數量減少，並進而促使糖價上漲。玉米成本偏高也會使得高果糖玉米糖漿的內含價值上升，並間接對糖價形成推波助瀾的效果。

- 糖消費量——通常受供給牽動——成長雖降溫，但即使糖價高漲，需求卻還是持續成長。所以一旦供給恢復及價格回跌，有可能促使消費再度快速增加，尤其是開發中國家的飲料加工食品產業。

- 已開發國家對於肥胖問題的擔憂（這在開發中國家也漸漸成為重要議題）以及因甜食（儘管甜食不見得都是用糖製成的）而起的糖尿病發生率愈來愈高，可能對糖消費量形成限制。

- 巴西龐大的生質燃料動力／混合燃料汽車以及這些汽車對蔗

糖製酒精的需求，將持續影響增甜劑產業取得甘蔗供給的能力──有時可能無法取得足夠供給。

■ 甘蔗也可以用來製造生物化學產品（甜菜亦然，但程度上較不顯著）──做為石化產品的替代品──和生物塑膠。由於甘蔗是一種可再生投入原料，所以，這些生物化學製品產業可能會繼續成長，導致甘蔗供給壓力上升，價格上漲。

小麥

　　小麥是一種廣泛生長在世界各地的禾本科植物，不過它特別適合在溫和的氣候條件下生長。然而，特定種類的小麥可能適合在非常不同的溫度和降雨量條件下生長。小麥種類繁多，每一種分別被用來製成不同產品，不過，現代碾磨和烘焙技術讓這些差異變得愈來愈模糊。有些國家對某種特級（高蛋白質）碾磨小麥或用來製造義大利通心粉和北非蒸丸子等的硬粒杜蘭（Durum）小麥的需求特別高；這些種類（本地化）小麥的產量差異甚大，市場價格有時也明顯偏離一般品質的麵包用小麥價格。有些高收成率的低蛋白質小麥是專為飼料目的而栽種，不過惡劣的氣候可能導致所有種類的小麥都變得不適合碾磨成粉。

消費與貿易
區域趨勢

　　從二○○一年至二○一一年間，世界小麥消費量平均年增率為1.6%。全球人均消費量雖逐漸下降，但很多開發中國家的人類食用消費量卻還在創新高，其中某些案例是因為政府給予補貼，尤其是北非。另外，印度和孟加拉則透過公共分配制度，供應非

常大量的小麥和稻米。

　　人口成長加上麵粉製便利食品的銷售增加，是支撐世界食用小麥消費量的主要因素。目前中國是世界第二大小麥消費國（二〇一一／一二年度的消費量占總額的近18%），僅次於歐盟（見表4.24）。小麥消費的成長主要來自南亞、中東、拉丁美洲和北非的開發中國家，而多數先進經濟體的消費量大致上並沒有明顯變化。歐洲和獨立國協國家有大量小麥被用來做為動物飼料，另外，亞洲某些國家的飼料產業會在小麥價格有利於其營運時進口小麥，例如，在二〇一一年至一二年期間，因玉米的供給量減少且價格飆漲，所以很多人以劣質小麥取代玉米來做為動物飼料。

　　小麥也用於工業目的，主要是製造澱粉。最近，有人開始利

表4.24　主要小麥消費國[a]

	二〇〇〇／〇一年度		二〇一一／一二年度	
	百萬噸	總數的%	百萬噸	總數的%
歐盟	110.4	19.1	125.8	18.2
中國	107.0	18.5	121.5	17.6
印度	63.3	10.9	81.2	11.8
巴基斯坦	20.1	3.5	23.6	3.4
其他東亞國家	29.9	5.2	42.4	6.1
中東	49.1	8.5	57.2	8.3
俄羅斯	35.1	6.1	37.6	5.4
其他獨立國協國家	30.4	5.2	42.4	6.1
美國	36.3	6.3	32.1	4.7
其他	97.9	16.9	126.9	18.4
合計	579.5		690.6	

a 本地貿易年度；b 包括土耳其
資料來源：國際穀物理事會、美國農業部

用小麥製造酒精，尤其是歐盟。前幾年小麥製酒精成長相對強勁，不過，隨著整體區域經濟情勢不佳，二〇一一／一二年度的小麥製酒精產量陷入停滯。然而，假定歐盟酒精需求復甦，油價又一直維持高檔，酒精相關的小麥需求還是會繼續增加。目前全球小麥產量中，大約有1%至2%被用來製造酒精，主要是在歐洲。

　　二〇一一／一二年度世界小麥消費量總計6.91億噸，年增率為5.4%，主要是因為玉米價格高漲讓小麥製動物飼料的需求增加。人類食用用途約占消費量的70%，動物飼料僅略高於20%，工業部門用掉3%，剩下的則是作為種子或者直接丟棄。

貿易：參與者眾多

　　世界小麥貿易量約占小麥總產量的20%。小麥市場和大麥、玉米或黃豆市場不同，前者的地理分布非常廣。幾乎沒有任何一個國家的小麥進口量占世界總進口量的10%以上。

　　中東和北非以麵包為主食的國家是小麥貿易市場上的重要參與者，它們進口非常大量的小麥，尤其是向俄羅斯、烏克蘭和哈薩克共和國等黑海出口國進口小麥。埃及向來都是最大的小麥進口國，儘管它已經竭盡各種力量設法提高國內產量，但依舊供不應求，埃及小麥需求量居高不下的主要原因是它提供高額的麵包補貼，而這也讓它付出了非常大的代價。埃及的人均小麥消費量位居世界前幾名，而且還在上升；多數進口小麥都被用來製造政府補貼的巴拉迪麵包（Baladi bread）。另外，由於阿爾及利亞人均消費量高但產量又有限，所以它向來極端仰賴小麥進口：土耳

其的進口量有時也很大。

印度有時也是淨採購國，不過，這取決於其國內供給及庫存狀況。巴基斯坦通常都接近自給自足，不過偶爾也需要訴諸進口。近幾年孟加拉的小麥消費高度成長，主要是因為政府採取公開市場銷售法，讓低所得人民得以買到價格低廉的小麥。近幾年孟加拉的國內產量雖增加，但成長速度緩慢，所以它的進口量還是非常大。印尼是主要的進口國，因為它沒有生產小麥，而近年來麵條和烘焙產品的需求隨著經濟成長而日益增加。

歐盟是主要小麥出口區，不過它缺少烘焙產業所需的那種高蛋白質小麥及高規格的杜蘭小麥，所以它通常每年要進口300至400噸杜蘭小麥。由於歐盟區域內的價格較高，因此也成為黑海地區生產的中級及飼料用小麥極力爭取的市場，只不過歐盟也對這類小麥的運輸設下了進口限制。

中國的需求量非常龐大，但本國產量卻起伏不定，加上它的儲備庫存水準向來難以捉摸，所以它對世界小麥市場的影響力有時可能非常大，只不過它並非經常性的淨進口國。目前中國每年都會進口小量小麥，用來混合國內的小麥。

美國向來是最大的小麥出口國，約占二〇一一年世界銷售量將近30%（見表4.25）；美國小麥的種類及等級繁多，世界上沒有其他國家能出其右，而且它的儲存效率高、運輸及處理系統讓成本得以降低，同時能在極短的通知時間內運送大量的小麥。美國是「剩餘市場供給者」（residual market supplier），出口價格透明（出口價和美國的期貨市場交易價息息相關），是其他出口競爭國用來比較的標的。儘管從一九九五年以來，美國就不再為小麥出口提供補貼，但競爭者仍宣稱美國提供的生產補貼制度、出口信

表4.25   主要出口國及進口國，二○一一年

	出口			進口	
	千噸	總數的%		千噸	總數的%
美國	28,071	29.5	埃及	11,650	7.6
澳洲	23,041	19.8	歐盟	7,369	4.8
俄羅斯	21,627	13.4	巴西	7,052	4.6
加拿大	17,603	9.5	印尼	6,400	4.2
歐盟	16,439	8.9	日本	6,354	4.2

資料來源：美國農業部

用額度以及大型美國糧食援助計畫的某些層面是不公平競爭的手段。目前這個議題還是在WTO農業談判會議上爭辯不休。

阿根廷和澳洲的國內市場小，而且沒有生產或出口補貼，所以，這兩國的小麥農民對貿易的依賴度遠高於北半球的同業。然而，某些農民也可能轉作其他產品（阿根廷是轉作油籽作物，澳洲則是轉生產羊毛或肉品），所以產出除了受天候影響外，也會受全球小麥價格影響。阿根廷政府常意圖藉由實施出口關稅及限制小麥出口時機等方式來掌控市場。

傳統的五大出口國／地區（阿根廷、澳洲、加拿大、歐盟和美國）出口量占一九九○年代初期世界總出口量的90%以上，不過，近幾年來，這幾國出口量的全球占比已降到約三分之二，主要是因烏克蘭、俄羅斯和哈薩克共和國的銷售量大幅增加。

產量及庫存

和所有農業原物料商品一樣，小麥供給取決於氣候條件，當

然，產業投資——如肥料、殺蟲劑、灌溉和良好的儲藏設施等投資——也可能產生顯著影響。全球各地的收成率差異甚大，例如，英國平均每公頃的收成約8.4噸，但俄羅斯或北非某些地區的平均每公頃收成僅約2噸。一般來說，高蛋白質硬質小麥（通常在相對乾旱且夏季較短的條件下成長）的收成率比其他種類低，其他動物飼料用小麥品種的收成率較高。

二〇一二年世界小麥收成量估計約6.5億噸，比前一年的歷史新高量少4400萬噸，而且略低於五年平均收成量，主要原因是氣候條件不夠理想；而為了滿足需求，預期未來庫存水位可能略微降低。歐盟是世界上最大的小麥生產地區，二〇一一年的收成量為1.37億噸（見表4.26），其中大約有三分之一是種植在法國。其他大型小麥生產國還包括德國、英國、波蘭、羅馬尼亞、義大利和西班牙。歐盟的產量通常都超過它的需求，不過，農民還是普遍偏好種植小麥，因為它容易栽培，收成率高，而且很容易出售。歐盟向來積極支持小麥的種植，所以，過去它曾為了防止便宜進口小麥流入而實施一些保護主義措施。

世界第二大小麥生產地區是中國，二〇一一年的產出大約1.18億噸；中國政府也積極支持小麥農。印度的收成起伏很大，有時甚至會成為淨進口國，不過，它還是世界第三大生產國。近幾年，它的產量快速增加，從二〇〇六年的6900萬噸增加到二〇一一年的近8700萬噸，主要是因為種植面積增加、收成率提高且政府提供誘人的支持價格所致。然而儲藏能量有限的問題到目前仍未解決。

美國生產很多不同種類和等級的小麥，每一種都可供出口和國內消費。過去二十年間，由於農民轉作其他作物（尤其是玉米

表4.26   主要小麥生產國[a]

	二○○一年		二○一一年	
	百萬噸	總數的 %	百萬噸	總數的 %
歐盟	113.1	19.5	137.4	19.8
中國	93.9	16.2	117.9	17.0
印度	69.7	12.0	86.9	12.5
美國	53.3	9.2	54.4	7.8
俄羅斯	46.9	8.1	56.2	8.1
加拿大	20.6	3.5	25.3	3.6
巴基斯坦	19.0	3.3	24.2	3.5
澳洲	24.9	4.3	29.5	4.2
烏克蘭	21.0	3.6	22.3	3.2
阿根廷	15.3	2.6	14.5	2.1
其他	103.6	17.8	125.7	18.1
合計	**581.3**		**694.3**	

a 主要是七月至十二月收成
資料來源：國際穀物理事會、美國農業部

和黃豆）、政府減少支持（最值得一提的是長期休耕保育計畫
〔Conservation Reserve Programme〕）以及出口市場上的競爭加劇
等，使整體小麥種植量降低。

乾旱及霜害都會影響俄羅斯的小麥產量。不過，增加春季播
種量可局部彌補上述兩個不利因素，只是，農民還是比較偏好種
植大麥，較不喜愛春麥，因為前者的可靠度較高。儘管如此，俄
羅斯還是小麥貿易領域裡的重要角色。烏克蘭的情況和俄羅斯類
似，收成隨時可能受惡劣氣候影響而明顯降低。政府提供直接的
價格支持給農民，而且不時會干預市場，以維護碾磨小麥的國內
供給量。哈薩克共和國的天候條件和加拿大類似，是高蛋白質小

麥的生產國。

　　二〇〇七／〇八年度結束時，全球小麥庫存（以每個國家各自的收成年度的年底數字衡量，因此並無法歸屬為任何一個日期）從二〇〇一／〇二年度的2億噸降到1.15億噸。這是促使那一年小麥價格大漲的主要因素。不過，市場還是適時發揮了它的功能，高漲的價格刺激了產量，加上一系列大豐收，二〇一一年度結束時，世界庫存量又回升到1.99億噸。運輸技術的改良及新興出口國（如俄羅斯）供給的增加，顯示未來世界小麥經濟不需要那麼高的庫存便可平順運轉。然而，氣候造成的激烈供給量差異還是難免會使市場（及價格）波動性上升。

　　印度的食物安全政策要求國家要維持充足的小麥緩衝庫存。中國也儲存了很大的庫存量，但其他小麥進口國在庫存量的設定上，多半是以進口不中斷、小麥供應能延續的假設為前提，所以通常都只會儲藏約六週的供應量。

小麥的市場

　　美國二號硬紅冬麥（Hard Red Winter wheat，蛋白質含量普通）的出口價格通常被視為市場代表，因為這種小麥任何時節都有生產，而且到處都有交易。杜蘭小麥（義大利通心粉用）和高蛋白質小麥的價格比較高，而製作餅乾用的白軟麥較便宜。飼料等級小麥的價格通常和飼料用大麥及玉米相當。芝加哥商品交易所、倫敦股票交易所及許多國家及地區的交易所都有小麥交易。

　　做為主食的一種，一旦出口國的小麥國內收成不好或國際價格偏高，它就可能會成為被限制出口的標的。

價格趨勢

二〇〇〇年代初期，疲弱的進口需求和黑海地區大量小麥傾巢而出，導致價格被壓抑在每噸約150美元（基本美國硬紅冬麥，灣區離岸價格）。二〇〇五年年中過後，價格開始走揚，而且由於二〇〇六年至〇八年間供給緊縮，價格遂加速上漲。另外，某些出口國的政府（包括烏克蘭、俄羅斯和阿根廷）開始限制出口，這讓全球短缺情況進一步惡化。除了現貨市場，小麥的期貨市場（以及其他原物料商品）因債券及股票市場疲弱而引來投資人的注意，成為這兩者的替代投資選擇。

小麥價格在二〇〇八年第一季觸頂，那年三月的平均價達到每噸450美元的天價，不過，後來便劇烈下跌，二〇〇九年三月的價格只剩每噸243美元，年減率達46%，二〇一〇年第二季更跌到每噸191美元。北半球的大豐收和澳洲產出的恢復，是造成小麥價格崩落的注因，當然，全球庫存因產出上升而增加也是另一個重要原因。以年度平均價來說，小麥價格在二〇〇九年下跌31%（見圖4.14），二〇一〇年僅些微反彈，但二〇一一年卻又大幅上漲，部分是由於玉米供給短缺且其價格偏高，而小麥能取代玉米。相對二〇一一年的價格，二〇一二年的小麥平均價格並沒有太大漲跌，只是整年度的價格波動非常大，二〇一二年上半年價格是下跌的，但後來由於幾個關鍵供應國遭遇惡劣氣候，價格又在那一年下半年大幅上漲。

圖4.14　小麥庫存及價格

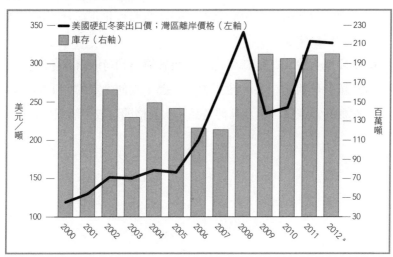

a 經濟學人智庫估計
資料來源：國際穀物理事會

未來展望

- 俄羅斯的大量剩餘供給將讓它繼續在世界小麥出口市場上保有重要地位，而且，一般認為，部分獨立國協國家的生產力還有很大的提升空間。
- 有關基改品種的討論將不會停止，尤其是價格偏高時。然而，未來反對基改品種的聲浪還是會非常大，而且人類應該會更努力試著提高非基改作物的供給。
- 水源的短缺將導致小麥產量成長受限，尤其是中國及其他快速城市化且人口眾多的開發中國家。
- 食物用途的成長率將維持低迷，而且成長將主要來自亞洲

（尤其是印度）和拉丁美洲的開發中國家。長期而言，食用小麥的消費成長率可能減緩，因為亞洲和北非部分國家的肉品食用量增加。

■ 小麥是否使用在飼料用途，取決於價格和可取得量。歐盟和俄羅斯仍將是主要的使用者，不過，其他國家的加工業者可能會回頭選擇玉米及其他產品（視價格即可取得情況而定）。

詞彙解釋

Acid leaching

酸滲濾　又稱酸溶出，一種利用酸溶劑（通常是硫酸）從礦石中萃取金屬的方法。

Alloy

合金　兩種或更多種金屬混合而成的金屬，合金的化學特性和其組成金屬不同。製作過程通常是將不同金屬熔解並趁著它們處於液體狀態時混合在一起。混合後的金屬漿冷卻變硬後，就成為合金。

Austenitic stainless steels

沃斯田鐵系不銹鋼　最常見的一種不銹鋼，含有16%至25%不等的鉻、液態氮和鎳。沃斯田鐵系不銹鋼特別耐腐蝕。

Backwardation

逆價差　又稱期貨貼水，當期貨價格低於現貨價時，這個市場就被稱為逆價差市場。

Bayer process

拜爾製程　從鋁礬土中萃取出氧化鋁的一種製程；這個製程包括

在氫氧化鈉中清洗鋁礬土。酸能分解鋁和矽的氧化物，但並無法去除鋁礬土的其他成分，而這些成分是能加以分離並當作廢棄物去除的。接著，二氧化碳經由溶劑轉化為氣泡。二氧化碳會形成一種弱酸，中和第一階段裡的氫氧化鈉，讓氧化鋁得以形成，但把矽留在溶劑中。接著，再將氧化鋁加熱到高溫狀態，以去除所有水分。

Brownfield development

棕色地帶開發　在已有其他礦物及基礎建設的地點進行進一步的開發。這種地點的開發成本（資金支出較少）通常較低，開發速度也較快。

Carbon capture and storage (CCS)

碳採集及儲存（簡稱CCS）　採集碳排放的流程，通常碳排放是火力發電電廠製造的，採集後將之儲存起來，讓它不會進入空氣中。

Carryover

結轉額　某一年製造但未被消費掉，最後並變成庫存的商品的數量。

CIF (cost, insurance and freight)

成本、保險及運費，簡稱CIF　在貨運業，如果是採用CIF條件報價，代表賣方將支付把商品運到彼此談好的港口所需負擔的所有成本，包括保險費。

Coal bed methane (CBM)

煤層氣（簡稱CBM） 從煤礦層或煤礦床採集出來的天然氣（澳洲稱之為煤層甲烷）。採集的方法是鑽井到含有煤礦層的岩層，不過因煤礦床本質的不同，必須採用各種不同的技術，其中一種就是水力壓裂。

COMEX

紐約商品交易所 紐約商業期貨交易所（簡稱NYMEX）的一個事業部，而紐約商業期貨交易所又是芝加哥商業期貨交易所集團的一員。

Commonwealth of Independent States (CIS)

獨立國協 一九九一年蘇聯瓦解後成立，成員國包括亞塞拜然、亞美尼亞、白俄羅斯、喬治亞、哈薩克共和國、吉爾吉斯共和國、摩爾多瓦、俄羅斯、塔吉克共和國、土庫曼共和國、烏茲別克共和國及烏克蘭。

Contango

正價差 又稱期貨升水，期貨價格高於現貨價格的市場，就稱為正價差市場。

Derivatives

衍生性金融商品 一種金融工具，其價值或價格是一種或多種標的資產如原物料商品、股票和匯率的函數（或從這些金融商品推演出來的）。這種金融工具通常是以合約的形式存在，而合約是由彼此同意這項衍生性投資標的之條件的買賣雙方所簽訂。

Electrolysis

電解法　在採礦時，以電流將礦石分解為其組成要素。

Euronext-LIFFE

泛歐交易所－倫敦金融期貨交易所　泛歐交易所的子公司，從事期貨及選擇權合約交易。這是位於阿姆斯特丹的泛歐電子交易所收購倫敦國際金融期貨及選擇權交易所（London International Financial Futures and Options Exchange，簡稱LIFFE）後組成。泛歐交易所在二○○七年和紐約股票交易所集團合併，成為紐約股票交易所—泛歐交易所（NYSE Euronext）。

Exchange-traded fund (ETF)

指數股票型基金　持有特定一組標的資產（如一個原物料指數）的基金。ETF的股份也像一般企業股份那樣，在股票交易所掛牌交易。

Exogenous

外生變數　經濟學裡指未被考慮到的變動要素。

Fair trade

公平貿易　一個以協助開發中國家農民或勞工為他們生產的商品爭取較高價格或較佳貿易條件為宗旨的組織或運動，有時也會藉由改善勞動條件來幫助農民。「可永續發展」（Sustainability）也是它的重要目標之一。

Ferronickel

鎳鐵　一種含有鎳（通常占35%）及鐵（通常65%）的合金。

Fiat currency

法定貨幣　政府或國家發行的貨幣或紙幣，無內在價值（intrinsic value）。

Fracking or hydraulic fracturing

水力壓裂　又稱液裂法，碎裂油頁岩以釋出天然氣或石油的流程，整個流程包括鑽井、高壓挹注液體到岩層等。

Futures

期貨　期貨合約是指兩方（賣方及買方）共同議定在未來某個日期以特定價格購買或出售某項資產的協議。在原物料商品領域，期貨市場的形成最初是因為生產者想預先為自己生產的商品鎖定售價（這讓他們得以編訂預算，通常他們會接受一個足以支應成本並小有獲利的價格）。而對原物料商品的消費者（通常是製造業的公司）來說，期貨市場讓他們得以事先確認未來投入原料的價格，這當然也對預算的制訂很有幫助。

Genetically modified (GM)

基因改良　用來改變植物的去氧核糖核酸（DNA）的基因工程，主要目的通常是要讓植物的生產能力提高、抗病蟲害或能在極端氣候條件下生存。

Hall-Heroult process

霍爾－赫魯特製程　將氧化鋁製成鋁的主要製程。氧化鋁被溶於冰晶石中以降低熔點，接著，在所謂的霍爾－赫魯特電池中，讓熔融的氧化鋁通過電解程序來製造鋁。這種電池是一種襯碳反應槽（扮演陰極），碳陽極則是浸泡到氧化鋁－冰晶石電解溶液中。

Hedging

避險　投資人保護自身免於因另一項金融交易而虧損的一種方法。在作法上，通常是針對相關證券建立一個抵銷性部位，而這些部位主要是期貨或選擇權合約。

Horizontal drilling

水平鑽井　傳統上，採集天然瓦斯和／或石油的方法是鑽鑿一個垂直的井。水平或定向（directional）鑽井是一種新的鑽井技術，它是藉由彎曲鑽井的方式來抵達不是位於鑽井平台正下方的目標。這項技術讓人得以鑽鑿到以往被視為可望不可及的地點。

Hydrometallurgical process (HP)

濕法冶金流程（簡稱HP）　透過一系列化學流程取出礦石中的金屬成分，第一步是滲濾（利用溶劑〔通常是酸溶劑〕來分解礦石的各種成分）。

Imperial smelting process (ISP)

帝國冶煉流程（簡稱ISP）　傳統上用來精煉鉛和鋅的方法。含有鉛、鋅甚至其他金屬的精礦被置入熔爐，過程中便可還原出鉛和鋅金屬。近幾年來，ISP已漸漸不那麼受青睞，因為它耗用非常多能源。

Intercontinental Exchange Inc (ICE)

洲際交易所（Intercontinental Exchange Inc，簡稱ICE）　一家美國企業，經營網路股票交易所。過去ICE的交易以能源產品為主，目前它在原物料商品市場仍占有重要的地位，現在也提供其他各種產品的交易。二〇一二年年底，它和紐約泛歐交易所

（NYSE Euronext）達成一個收購後者的協議。（編按：ICE已於二〇一三年十一月收購紐約泛歐交易所，成為全球第二大交易所）

Latin America
拉丁美洲　包括南美洲、墨西哥、中美洲和加勒比海國家。

Liquefied natural gas (LNG)
液化天然氣　將天然氣冷卻到約負160°C後所製成的一種清澈液體。這個方法讓人可以輕易用液態模式運送天然氣，等到運抵目的地後，再將之轉回氣態。

London Bullion Market Association (LBMA)
倫敦金銀市場協會　黃金及白銀的櫃檯市場，位於倫敦。它的客戶包括各國中央銀行、採礦業者、精煉業者、貿易商和金屬加工廠。

Margin requirement
最低保證金規定　買方投資期貨或選擇權以前，必須以現金或合格證券的形式預存的最低金額（作為擔保用）。

Marginal cost
邊際成本　生產者因一單位產出變化而產生的總成本變化。

Monopsony
獨占買家　一個有很多賣方但卻只有一個買方的市場。在這種情況下，這個買方掌握所有市場力量，也擁有設定價格的能力。

Natural-gas-to-liquids (NGLs)

液體天然氣　從天然氣中萃取而來的液體，通常是在天然氣加工廠中進行。最常見的例子是乙烷、丙烷、丁烷和異丁烯。

Nearby futures

近期期貨　接近到期日的期貨合約。

New York Board of Trade (NYBOT)

紐約期貨交易所　位於紐約的一個有形原物料商品交易所，二〇〇七年被洲際交易所收購後，目前稱為美國洲際期貨交易所。

New York Mercantile Exchange (NYMEX)

紐約商業期貨交易所　芝加哥商品交易所集團旗下的原物料商品期貨交易所，目前NYMEX的多數交易已電子化，不過，還是有小規模的公開喊價作業（即實體交易廳）。

Organisation of Petroleum Exporting Countries (OPEC)

石油輸出國家組織　一九六〇年九月在巴格達由伊朗、伊拉克、科威特、沙烏地阿拉伯及委內瑞拉等國的代表共同成立，目的是為了協同反對降低跨國石油公司牌價的意見。後來這個角色逐漸演變，目前OPEC的主要作為是尋求藉由平衡全球石油供需，將油價維持在一個目標區間。這個組織雖訂定產量配額制度，但實際施行上偏向鬆散。

Original equipment (OE) battery

原始設備電池　獨立供應商（而非生產使用電池的商品的製造商）生產的電池，通常是替換用電池。

Over-the-counter (OTC) market

櫃檯市場　沒有正式交易所或交易廳且交易是透過電話或電子平台完成的市場。一般來說，OTC市場受監理的程度較低。

Quantitative easing (QE)

量化寬鬆　因中央銀行調整利率等傳統貨幣政策無法產生效果而採用的一種非傳統貨幣政策。量化寬鬆的形式有很多種，不過，主要都是以增加國內貨幣供給及促使經濟恢復成長為目標的一些擴張政策。

Remelt ingot

重熔鋁錠　鋁精煉業的產品之一，透過熔爐的電解槽虹吸而來（沒有經過熔合或純化），並直接倒入可形成諸如標準鋁錠等鋁製品的鑄模。重熔鋁錠本身也是原物料商品之一。

Renewable Fuels Standard (RFS)

可再生燃料標準　美國強制應摻入運輸用燃料裡的最低生質燃料比率之規定。

Shale gas

頁岩氣　在頁岩（紋理細密的沉積物）岩層裡發現的天然氣。

South America

南美洲　不包括墨西哥、中美洲和加勒比海國家。

Sovereign wealth fund (SWF)

主權基金　一個擁有超額現金而且無負債的國家級政府所成立的基金。以原物料商品的案例來說，這種政府通常擁有非常高的原

物料商品出口收入。而為避免這些出口收入造成國內經濟體系的通貨膨脹條件，或避免它導致本國貨幣大幅升值，這些政府會將超額收入暫時存放在主權基金裡，而這些基金通常會投資到海外各式各樣的多元化資產。

Starting-lighting-ignition (SLI) battery

啟動、照明、點火電池　一種鉛酸蓄電池。

Superalloy

超合金　一種擁有優異特性的合金，尤其是在強度及抗腐蝕方面，廣泛用於航空產業。多數合金都含有鎳或鈷。

SX-EW (solvent extraction and electrowinning)

溶劑萃取－電積　以滲濾（溶出）取代冶煉的流程，利用這個流程，便能在礦區生產精煉金屬，無須進一步加工。這個方法經常被用來取得氧化銅裡的銅，近幾年的使用愈來愈普遍，部分原因是它的成本較低。

Tight gas

緻密氣　在極端不透水的堅硬岩石裡發現的天然氣。

統計資訊來源

BP Statistical Review of World Energy

英國石油世界能源統計評估　英國石油公司（一家英國的能源公司）的一份年度刊物，其中包含能源市場基本面、價格和趨勢等廣泛的資料。

EIU (Economist Intelligence Unit)

經濟學人智庫　經濟學人智庫是經濟學人集團（The Economist Group）的一員，它提供有關世界各國、產業及原物料商品等的廣泛預測及顧問服務（見www.eiu.com及www.store.eiu.com）。經濟學人智庫研究非常多元的原物料商品，包括十四種能源及工業原料用原物料商品，還有十一種農業原物料商品。它每個月都會針對每一項原物料商品發表月份報告，報告中會分析市場趨勢及兩年期的消費、產量、庫存及價格預測。

International Cocoa Organization (ICCO)

國際可可組織　一九七三年成立的一個跨政府機關，總部位於倫敦。它的成員包括可可生產國及消費國。最初成立的目的是意圖影響可可的價格及供給，但它大致上並沒有達成「管理可可市場」的目標，所以目前它聚焦於可可市場的永續經營及公平貿易

作業。國際可可組織是可可統計資料的重要來源。

International Coffee Organization (ICO)

國際咖啡組織　成立於一九六二年的跨政府機關,位於倫敦。最初的目的是試圖管理全球咖啡市場的價格及供給,不過目前主要任務是促進咖啡經濟的永續經營發展。國際咖啡組織蒐集並發表咖啡經濟的各層面資訊,是咖啡統計資訊的重要來源。

International Copper Study Group (ICSG)

國際銅研究組織　位於葡萄牙里斯本的一個跨政府組織(或稱論壇),各國政府、採礦產業及銅消費者與會討論和銅有關的議題。國際銅研究組織尋求提高全球銅市場的透明度,是重要的銅統計資訊來源。

International Cotton Advisory Committee (ICAC)

國際棉花諮詢委員會　一九三九年於華盛頓特區成立的跨政府組織,成員為棉花生產者及消費者。國際棉花諮詢委員會研究全球棉花經濟及市場情勢,是棉花統計資料的重要來源。

International Energy Agency (IEA)

國際能源總署　國際能源總署位於巴黎,一九七〇年代為回應石油危機而成立,主要聚焦在確保平穩的供給。目前它依舊以確保石油進口國供給為主要目標,不過,現在它已擴大其職權範圍,將各式各樣能源及其他與能源有關的領域—包括經濟發展及環境—納入。國際能源總署尋求和非成員國(包括消費及生產國)之間建立良好的關係。它的二十八個成員國全是經濟合作暨發展組織(OECD)的成員。

International Grains Council (IGC)

國際穀物理事會　一個有關穀物貿易合作的跨政府論壇。這個理事會是穀物貿易協定（Grains Trade Convention，簡稱GTC）成立，負責監督或監視GTC的執行情況。國際穀物理事會是禾穀類植物、稻米和油籽統計資料的重要來源。

International Lead and Zinc Study Group (ILZSG)

國際鉛及鋅研究組織　一九五九年成立的一個跨政府機關，提供鉛及鋅市場的資訊及研究，以便監督國際鉛及鋅貿易，同時嘗試解決相關問題。它位於葡萄牙的里斯本，其營運是在聯合國的保護下進行。國際鉛及鋅研究組織是全球鉛及鋅市場統計資訊的重要來源。它的成員涵蓋了世界各地85%的鉛及鋅消費國及生產國。

International Nickel Study Group (INSG)

國際鎳研究組織　成立於一九九〇年的一個跨政府機關，位於葡萄牙的里斯本。它的成員包括主要鎳消費、生產及貿易國。國際鎳研究組織的目標是要提供鎳市場的資訊，同時討論並嘗試解決任何可能的問題。

International Rubber Study Group (IRSG)

國際橡膠研究組織　成立於一九四四年的跨政府機關，位於新加坡。國際橡膠研究組織會發表全球橡膠（包括合成橡膠）產業的研究報告和統計數據。

International Sugar Organization (ISO)

國際糖組織　位於倫敦的一個跨政府組織，擁有八十五個會員。

國際糖組織致力於研究並提供全球糖、增甜劑及酒精產業的統計數據。它主管國際糖協議（International Sugar Agreement），一度擁有控制價格（包括出口配額）的功能，不過目前這項功能已不具效力，它也放棄這方面的作為。

International Tin Research Institute (ITRI)

國際錫研究協會　位於英國的非營利機關，代表錫產業。它的成員主要是採礦業者和錫精煉廠。國際錫研究協會的目標是要藉由技術研究及商業開發等管道來促進錫的使用。它也彙整錫產業的統計資訊。

The International Wool Textile Organisation (IWTO)

國際羊毛紡織組織　由二十個從事印染、除雜及加工等業務的會員國所組成的國家組織，秘書處位於比利時。國際羊毛紡織組織的功能包括研究、資料彙集和調解會員國的衝突。

Johnson Matthey

強納生馬賽公司　一家英國的跨國性化學及貴金屬公司，定期發表貴金屬市場的研究及數據。

The Silver Institute

白銀協會　一九七一年成立於美國的一個非營利國際協會。它的成員包括採礦公司、精煉業者、貿易商和珠寶商。白銀協會以促進白銀的使用為宗旨，不過，它也提供非常實用的白銀市場供需趨勢資料。

US Geological Survey (USGS)

美國地質調查局　美國內政部（Ministry of the Interior）的一個部門，美國地質調查局匯集並發表公平的科學資訊。

World Bureau of Metal Statistics (WBMS)

世界金屬統計局　一九四七年成立於英國，是獨立的金屬商業資料來源。

World Gold Council (WGC)

世界黃金協會　一九八七年成立於英國的非營利組織，它的二十三個會員都是主要的金礦公司。世界黃金協會的宗旨是促進黃金在各個產業的使用，同時也提供有關黃金供給及需求和黃金投資趨勢等的詳細數據。

國家圖書館出版品預行編目資料

一口氣搞懂原物料商品／卡洛琳‧拜恩（Caroline
Bain）著；陳儀譯. -- 一版. -- 臺北市：臉譜，城
邦文化出版；家庭傳媒城邦分公司發行, 2013.12
面；　公分. --（企畫叢書；FP2257）
譯自：Guide to commodities: producers, players and
prices, markets, consumers and trends
ISBN 978-986-235-296-0（平裝）

1.商品期貨　2.期貨交易　3.投資

563.534　　　　　　　　　　　　　　102022916